あなたの願いを叶える白魔術

エミール・シェラザード

二見レインボー文庫

まえがき

魔法を研究するようになってから、長い長い時が流れました。

きっかけはといえば、『サムエル記』に出合ったことです。この書は神戸の古書店の棚でホコリをかぶったまま、ひっそりと眠っていました。いまから約40数年前の夏のことです。

サムエル記とは、イスラエルの王国時代を前後し、預言者サムエルの物語を記した旧約聖書の正典です。

そのなかに「エンドルの魔女」なる文献があり、登場する魔女が呪術を施します。そのさまざまな魔法のおもしろさの虜《とりこ》になり、その後、本を読みあさっては魔法についての雑学をふやしていきました。

本書のなかにあらわれる呪法・呪術は、すべて白魔術です。

私の魔法研究科目には黒魔術もありますが、ここでは白魔術のみ紹介いたしました。いたずらに黒魔術を試み、危険が迫ってはならないからです。

もしあなたが心から願い、魔法に念を集中することができれば、必ずよい結果を手にする日がやってくるでしょう。それほど、人という生命体のもつエネルギーは強いのです。まさに「願えば叶う」という言葉そのものです。

魔法は、心のなかに眠る自己可能性の最大限の状態を引き出してくれる術のひとつです。自分の可能性を考え、魔法を真摯に受けとめ、真面目な態度で臨んでいただきたいと思います。

それさえ忘れなければ、あなたは立派に魔法を操ることができるでしょう。

科学の進歩は著しいですが、この先も魔法の世界がすべて明らかにされることはありえないでしょう。科学の手が届かない神秘のベールのなかで、永遠の自由を手に入れ、羽ばたきつづけてゆくのが本当の魔法だと、私は信じています。

エミール・シェラザード

CONTENTS

実践法2 対人関係をよくする白魔術

実践法3　願いごとを叶える白魔術

実践法4　自分を変える白魔術

実践法5 呪い返しの魔術

予兆事典

本文デザイン＊ヤマシタデザインルーム

魔法・魔術入門

実際の白魔術の方法に入るまえに、
魔法・魔術のなりたちや歴史について、
ご説明しておきましょう。

信仰の誕生

今日、わたしたちが「存在」を認め、確認しているものでも、実際には、それが構成され、完成するまでには気の遠くなるような長い時間が必要です。

これからお話しする魔法や魔術も、その歴史は非常に古く、ほとんど太古と呼ぶにふさわしい人類の黎明期《れいめいき》までさかのぼることができます。

人類が動物とたもとを分かって文明への道を歩みだしたころ、人類にとっては自然のすべてが脅威でした。人間は自分をとりまくすべての自然環境と調和し、順応していかなければ、1日として生きていくことができなかったのです。

ある日、人間は、目には見えないけれど、その存在が自然のすべてのなかに宿っている「あるもの」をはっきりと知りました。「万霊」とか「精霊」などと呼ばれる、自然のひとつひとつを司る見えざる力のことです。

風には風の精霊が宿り、川には川の精霊が宿っている、と人間は考えました。

そこで人間は、それらの精霊たちとなんらかの方法で意志を通じさせることにより、自分たちの生存を保証してもらおうと思いたったのです。

見えざるものの存在を認知する行為、これこそが人間と動物とを分ける大きな道標であったのかもしれません。

このようにして、きわめて原始的ではありましたが、信仰というものが誕生しました。今日でも、アフリカの奥地などに行くと、人類が初めて目に見えざる力と出会ったころの自然信仰がそのまま受け継がれているところもあるようです。

集団指導者の2つのタイプ

さて、やがて人間が集団で暮らすようになると、コロニー（集落）の構成上、人々を統一し、おさめる責任者が必要になってきます。この統轄責任者、すなわち集団の指導者には2つのタイプが考えられると思います。

ひとつは文字どおり、力の強い者。動物園の猿山をみれば合点がいくでしょう。原始時代の人類の生活形態も、たぶんそれほどあの猿たちと違わなかったのではないでしょうか。

もうひとつは、不可思議な力をもち、人間が恐れている自然の精霊に意を通じることのできる者。この人物は、なんらかの方法で万霊や精霊と意を通じることができ、霊の代弁者として人々に必要な霊的情報を告げる役目を果たしました。

多くの場合は、精霊がその人物に一定時間のり移るという「憑依現象《ひょうい》」が起こり、その人が憑依した霊になりかわって、人々に霊の意志を伝達してきます。いわゆる今日、「神降《かみお》ろし」と呼ばれている行為ができる人物が、人々の崇敬を集めて指導者となったのでしょう。

古代日本の女王卑弥呼《ひみこ》などは、まさにこのタイプのカリスマ的指導者であったと思われます。古代にはまだ男性主権型の社会が確立していなかったので、地母神信仰ともいっしょになって、女性の霊能者型指導者をたくさん輩出したのでしょう。

シャーマンの誕生

こうした霊力をもつ人物は「シャーマン（呪術師）」と呼ばれました。シャーマンは四季の移り変わりに敏感で、天体の運行に通じ、人々の精神を活性化させる超常的な力をもっていたと思われます。

ときには武力をもって集団を統ずる群長と、霊力をもって人心を捉えるシャーマンとが協力して、ひとつの群を支配する場合もあったでしょう。古代の大和朝廷などにも、この形態が存在したようです。

シャーマンはやがて古代国家の成立とともに、古来からの原始的祭霊を宗教としての体裁に整え、神官としての地位を確立していきました。

今日、世界中の人々が信じているいくつもの巨大な宗教組織も、ある日突然、開祖が天の啓示を受けて開眼したという教義とは別に、本質的には原始宗教を統合整備した人物が教祖となった色合いが強いのではないかと思われます。

原始の村の辻に立ち、ノロシを天に立ち昇らせて雨乞い舞踊を踊っていた裸足のシャーマンも、時の流れとともに壮麗な神殿のなかに長袖をひるがえしておさまることになったのです。

ただ、すべてのシャーマンが壮厳な神の家の主としておさまったかというと、そうともいいきれません。原始時代から古代国家の成立に至る過程において、部族間の争いは枚挙にいとまがなく、無念にも敗れて密林の奥に、あるいは不毛の砂漠をさすらう悲運に泣いた部族もたくさんありました。

そうした部族のシャーマンたちは森に隠れ、沼に潜んで自分たちの伝統的な霊的祭儀を守っていこうとしました。

「魔」の誕生

戦いで勝者となった部族の信仰はそのまま神となり、宗教となりましたが、敗者の神や宗教は異端と呼ばれ、迫害される日々が続きました。勝者の信ずる精霊が神と呼ばれたのと同様に、敗者の精霊は悪霊、あるいは悪魔と呼ばれました。

世の中に、「魔術」「魔法」という「魔」の字を冠した秘儀が誕生したのは、こういった経緯によるのです。

こうしたことからも明らかなように、魔術・魔法というのは、その発端から悪魔にくみしていた秘儀ではないのです。また、悪魔というものも初めから邪悪な象徴であったわけではなく、敗れてさすらう部族の神だったものが大半を占めています。忌まわしき暗黒の祭儀として恐れられ、禁断の呪術と疎まれてきた魔術・魔法の歴史はこうして始まります。

もし、その戦さで荒野に追われた部族が勝利していたなら、神と悪魔の立場は当然のことながら逆転していたでしょう。今日、白亜の神殿の奥深く黄金の衣に包まれて鎮座している神々も、野に下れば角を生やし、尾を伸ばし、牙をむいた恐ろしい魔神、悪魔に変貌することは十分予想されることなのです。

したがって、魔術・魔法といっても、いたずらに恐れる必要はありません。さかのぼれば、神も悪魔も原始信仰の対象として、その発生は同根といえるからです。本来、人間の信仰には正統も異端もありません。あるものは、目に見えない力に対する畏怖の念であり、恐れであり、祈りです。

このようにして「魔」の字を冠された古代からの伝承的秘術、祭儀は地に潜り、幾多の迫害の歴史を経て現代に至っているのです。

魔術・魔法の内容

魔術・魔法の発生についての概要はおわかりいただけたでしょうか。それでは次に、魔術・魔法の内容にふれていきましょう。

本質的に宗教には正統も異端もないと書きましたが、当然、原始宗教の一形態であった魔術にも、本来、正統も異端もありません。その信ずるところが正統であり、相容れない教義が異端なだけの話です。

自己を正当化し、他者を外道とするのは人間の性《さが》であるため、これはやむをえないことです。人類の幸福を願うはずの宗教が、互いの教理の違いから戦争の原因となっている現実を見るにつけても、宗教の限界を思い知らされます。

どこまでいっても、人間はエゴイスティックな生きものなのでしょう。同じ宗教のなかでもわずかな教義の違い、指導者の対立などが原因となって、いくつもの門派、分派が生まれるのは歴史が証明するところです。

もともとアウトローに属している魔術・魔法も、人間が関わる活動であるため、そのなかにさえ、正統、亜流の争いが絶えませんでした。

信じる神、信じる教義が違うというだけで排撃しようという狭量な考え方は、宗教も魔術も変わりません。みな人間の関わることだからです。

悪魔に魂を売り渡す「黒魔術」

しかし、もし魔術を分類するのなら、その存在する主旨において2つの系統に分類できるしょう。

ひとつは、魔術の「魔」たるゆえんである悪魔と手を結ぼうとする術です。悪魔の誕生と成立については前述のとおりですが、悪魔は邪神としての性格が強いので、人間個人の劣情、欲心を満たしてくれるという期待が強くあります。したがって、まっとうな方法で自分の目的が達せられない人々のなかには、悪魔の力を借りてでも願望を実現させようという者が出てきても不思議ではありません。悪魔という堕《お》ちた精霊は、邪悪な思念の結晶としてシンボライズされているので、これに関わることは自らもその教義に身を投じることとなります。

つまり、悪魔に魂を売り渡すわけです。自分の欲望をこの世で満たしてもらうかわりに、死後は悪魔の手先となって永遠の暗黒のなかで暮らすことになります。そういう約束ごとがあってもなお、人は悪魔の力を借りようとするから恐ろしいものです。

悪魔を主神と仰ぎ、悪徳を目的とする呪法を行なう人々を悪魔教徒といい、その行なう秘儀を「黒魔術」といいます。

恐るべき悪魔を呼び出す降魔術

黒魔術の具体的な方法について、もう少し話を進めましょう。

黒魔術はそのほとんどが「降魔術《こうまじゅつ》」を基本としています。降魔術とは悪魔を呼び出す儀式のことです。降魔術の方法は、わたしの知るかぎりでも20とおり以上あり、世界中には何百何千とおりと存在していると思います。

しかし、西洋魔術における降魔術には、明らかにひとつのパターンがあります。まず、悪魔を呼び出すには、悪魔の名前はもちろんのこと、呼び出す悪魔の性格などについて熟知していること。

というのも、悪魔はそれこそ無数にいて、軍団を形成しているからです。最高司令官は、サタンと同一視されることが多いルシフェルです。ただし、ルシフェルのような大物を呼び出すには、相当修行を積んだ「方士《ほうし》（魔術師）」でないと危険なことはいうまでもありません。

ほとんどの悪魔はものぐさで暗黒の世界で惰眠しているのが常ですから、人間ごときに呼び出されて用事をいいつけられるのを極端に嫌います。呼び出された悪魔はたいてい、きわめて不機嫌で、呼び出した人間を疎ましく思っています。うかつに交渉をもちかけると、ひとにぎりでひねりつぶされてしまうこともあります。

悪魔を呼び出したら、悪魔と根気よく、しかも相手をなだめつつ、自分の希望を叶えてもらうようにもっていかなければなりません。

降魔術を行なうまでに準備すること

降魔術を行なう日は、新月または満月の夜、13日の金曜日でもかまいません。場所はリビングルームというわけにはいかないため、人里離れた森のなかの空地や、誰も来る心配のない廃工場のようなところが適当でしょう。

悪魔に接近するには、自分が不浄の化身であると身をもって示す必要があるため、降魔術師は、術を施行する13日前から身体を洗いません。女性の場合、術を行なう日が生理日に当たるように計算する者もいるほどです。

悪臭ふんぷんたるものでしょうが、悪魔はそういう匂いが大好きなので気にすることはありません。

また、悪魔はニンニクの匂いが嫌いとされているため、施術の7日前からニンニクは食べません。

魔法陣を描き、なかに入る

いよいよその日の夜がきたら、施術する場所に「法陣」を描きます。法陣、一般

中央に芒星六角形が描かれた魔法陣

に「魔法陣」と呼ばれているものは、3〜5メートルの円形陣で、中央にソロモンの紋章である芒星《ぼうせい》六角形（六芒星《ろくぼうせい》、ヘキサグラム）をかたどっています。円陣の周りには、偉大な古き神々や天使、聖《きよ》き諸精霊の名前をずらりと並べます。古い図版によると、ヘブライの神に由来した名前が多いようです。

円陣、諸精霊の名前、ソロモンの六芒星。これらはすべて、いずれ現われる悪魔が、降魔術を行なっている当人に躍りかかってこないための重要な砦《とりで》です。悪魔は円陣に描かれているすべてのものに一目置いているので、方士がそのなかに入っていさえすれば、やすやすと食べてしまうことはできません。

ただ、円陣をつくりあげたとしても、方士が、ズカズカと円陣の中心に立ち入ってはなんにもなりません。悪魔は不浄な匂いと人間の足跡について、らくらくと中心部に侵入し、方士を殺してしまいます。

円陣に入るには2つの方法があります。ひとつは、方士が先に円陣のなかに入ってから円陣を閉じるやり方です。

もうひとつは円陣を描いてから、道をつけて中心部に入るやり方。教会の司祭の法衣など悪魔が嫌うものを使って細長い布をつくり、その上を歩いて内陣に入り、入ったらなかから巻きとります。

これで方士は魔法陣に無事におさまり、悪魔の餌食にならずにすみます。

さて、円陣の外側には次のようなものを並べて、悪魔を呼び出す手助けとします。まず、動物の腐った死体や内臓。同じく動物の血。刑死者の衣服、ヘビ、カエル、コウモリの死体などを並べます。周囲にはものすごい悪臭が漂うでしょう。

外陣の用意はこれで整いました。内陣にいる方士は手に、生け贄《いにえ》の小動物（ニワトリ、ウサギ）、短剣、カップ、司教杖、聖水で洗った金貨、時として聖書をもっています。生け贄はいよいよ悪魔が出現するときに貢ぎ物として首を切り、その血をカップに絞って捧げます。

その他の道具は法衣の下に隠しておきます。いずれも悪魔の嫌いなものばかりですから、いざというときにお守りにするのです。方士そのものは魔道に身を投じているのですが、身を守る道具は神さまの息のかかったものに頼るわけです。

降魔の呪文を唱える

降魔の呪文には3種類あります。ミサ教典をわざと逆に発音して読んでいくもの、古代の神殿などで行なわれた祭儀の教典を利用するもの、そして異言に属するもの。

異言とは、いっさいの言語体系に属さない内的思念の凝縮の発声で、感嘆詞の連続のようなものです。ですから、魂の底から絞り出すつもりで「ウ、ウッ」とか「ア、アッ」とかいうのも、充分とはいえないまでも呪文効果があるといわれます。

「アギダ・メダ・メガ・メダ・アンブリダ・アギダ・メダ・メガ・メダ。やれ、大いなるものよ。この世が生まれる以前から天と地をおしなべる真の支配者よ。闇の王よ。疫病と戦乱の皇帝よ。とこしえに死者のおさめ主よ。願わくばここに来たりてわが願いを聞き給え。アギダ・メダ・メガ・アンブリダ・アギダ・メダ・メガ・メダ」

方士は、このような降魔の呪文をえんえんと続けます。悪魔は冥界の底で眠っていて、なかなか起きてはきません。また、人間に呼び出されるのを嫌うので、ちょっとやそっとのことでは現われてくれません。

黒魔術にとりつかれ、ついには人間の子供を生け贄にしたといわれる15世紀のジル・ド・レ侯や、フランス王ルイ14世の寵愛を独占したいために赤ん坊を生け贄としたというモンテスパン夫人などの伝説や記録を読むと、悪魔がいかに出現しにくいかがわかります。呪文を唱えるとすぐに出てくるものではないのです。

フランスの降魔に関する書には、通常、降魔が行なわれるまでの儀式と呪文は休みなく24時間以上かかると記されています。

方士は呪文をくりかえし唱え、ややトランス状態に陥ります。寝食抜きで24時間以上の祈とうをするのは、体力面からいっても並大抵のことではありません。

悪魔出現

いよいよ悪魔出現の予兆が現われます。湿気が増し、雰囲気が重くなってきます。やがて、掘りかえした棺桶のふたを開けたような強烈な悪臭がたちこめます。

このとき、方士は慌てずに、

「アグロン・テタグラム・ヴァイケオン・スティムラマトン・エロハネス・レトラグサムマトン・クリオラン・イキオン・エシティオン・エクシスティエン・エリオ

ナ・オネラ・エラシン・モイン・メッフィアス・ソテル・エヌマヌエル・サバオト・アドマイ。願いあげる、アーメン」

と呪文を唱えます。間違いなく唱えると、悪魔は姿を現わします。

出現したときの悪魔は怒り狂っており、なまいきな方士を地獄の底へひきずりこもうとしていますから、息の詰まるような悪臭や鼓膜が破れるような騒音を出したりします。

もっとすごいのはその姿。たぶん、それはSFX映画の何倍もの恐怖として方士を襲います。

大抵の方士はこの恐怖に耐えられず、狂気となって魔法陣の外へ転がり出てしまいます。魔法陣の外へ出てしまえば、いかに方士とはいえ狼の前のウサギ。あっという間に悪魔に喰われてしまうのです。

悪魔との交渉

この難問を無事に通過して悪魔と対面することになってからが、また大変です。

ここでは魔術というより、詐術の能力を使わなければなりません。要するに、悪

魔術師は法陣のなかに入り悪魔を呼び出す

魔との要求交渉を勝ちとるために頑張らなければならないのです。

「おまえは何者だ。なんの権利があって俺を呼び出した。返答しだいでは、いますぐこの場で八つ裂きにしてくれるぞ」

と悪魔は方士を脅すでしょう。そこで方士は、

「ありがとうございます。闇の支配者様。わざわざおこしいただいたのは、わたしめの願いを叶えていただきたいからでございます」

「なんで俺がおまえの願いを叶えてやらねばならんのだ。俺はそんなつもりは全然ないぞ」

「いいえ、ただで願いを叶えてくださいとは申しません。20年後にはわたしか、わたしでない場合はわたしのよく知っている者の魂をあなたに差しあげます。あなたに魂を差しあげた以上は、わたしはあなたのしもべとして地底でお仕えいたします。ですから、よろしくお願いします」

「ダメだ。おまえのそんな安っぽい魂なんかもらってもなんの役にも立たん」

「そうですか、それならわたしは、『ソロモンの鍵（悪魔を呼び出す呪文やまじないについて書かれた魔術書）』の呪法によってあなたを苦しめます。それでもよろ

しいですか」

「おまえは『ソロモンの鍵』の呪法を知っているのか。知っているわけがない」

「いえ、知っています。もし、やってみろとおっしゃるなら、すぐにも始めますが、始めたら途中では止められないのはあなたもご承知のはず。相当あなたを苦しめることになってしまいます」

「俺を脅すのか」

「とんでもございません。お願いをしているだけでございます」

「ええい。『ソロモンの鍵』など知っているとは思えんが、どうせ起こされてしまったのだから仕方がない。どんな願いかいってみろ」

「はい、はい、魔王様、わたしの願いは小さなものでございます。100億円ほどいただきたいと思います。それだけでけっこうでございます」

「100億円でいいんだな。よし、くれてやろう。そのかわり、20年後にはおまえの魂は俺のものだぞ」

「はい。でも、わたしかあるいはわたしのよく知っている者と申しあげました。わたしでない場合もあります」

このあたりからが交渉術のむずかしいところです。

「なに、おまえの代わりの者の場合もあるというのか。そいつはなんの利益もなく、ただで俺に魂を渡すことになるぞ。そんな奴が世の中にいるものか」

「いえ、おります。必ずおります。もし、そういう者がいないときはわたしの魂を差しあげるわけですから、闇の支配者様にはご損はないわけです」

「なるほど、ではそういうことにしよう。100億円はいつくれてやればよいのだ」

「はい、明晩、この山のなかにある吊り橋のたもとに置いておいてくださればけっこうです。20年後のちょうど今夜、わたしか、あるいはわたしの代わりの者が、今度はその吊り橋を渡ります。そのとき、魔王様はたちまち現われて魂を地の底にお連れくださいますように。その夜、わたしかわたしの代わりの者は、目印に赤いスカーフを首にまいておりますから、すぐにわかります。

そして最後のお願いです。わたしはとても臆病なので、いよいよ魂を差しあげる夜、とても吊り橋の中央まで歩けません。怯えて橋のたもとですくみ返ってしまうでしょう。ですから、わたしかわたしの代わりが首に赤いスカーフをまいて、2、3歩橋を渡りかけたら、すぐに捕らえて魂を抜きとってください」

「よし、わかった。2、3歩といわず、渡りだしたら2歩目の足が橋ゲタを踏む前に魂を抜いてくれるわ」

「ありがとうございます。それでは、こちらから契約書を円の外に投げますから、それにサインを願います」

ここでいちばん大切なことは、悪魔からきちんとしたサインをとっておくことです。サインをとっておかないと契約が無効になってしまうのです。

方士が法陣から円の外へ契約書を投げると、悪魔はいやいやサインをします。

「ありがとうございます。これでお約束は成立しました。どうぞ悪臭や騒音をたてずにお国へお帰りください。アグロン・テタグラム……（以下呪文）……アーメン」

悪魔との契約成立

これで魔術師と悪魔とのとりきめは完全に成立しました。あとは翌日の晩、吊り橋のたもとにお金を取りに行き、20年後に魂を渡せばよいのです。

ただ、ずるがしこい魔術師は、自分の魂を悪魔に渡すのがいやなものですから、ニワトリの首に赤い目印をつけて橋を渡らせます。

魔術師は「わたしかわたしの代わりの者」「2本足で歩く者」といっていますが、人間とはいっていません。ニワトリも2本足で歩きます。ニワトリが橋を渡りだしたとたんに、悪魔はとびかかり魂を抜きますが、魔術師は無事というわけです。悪魔はこんなやり方で何度も魔術師に騙されているので、かわいそうといえなくもありません。

ちなみに、読者のなかで降魔術をやってみようという人がいる場合、いまのニワトリの手口は、もう悪魔たちによく知れ渡っているので効果がありません。なにか新手の騙しを考えたほうがいいでしょう。

儀式は魔法の宗派によって異なる部分がありますが、ここに述べた方法が降魔術の集約です。降魔術を試みられるのは自由ですが、結果については著者は責任をもちません。

黒魔術集団「ラブ・マジック」

降魔術も迫力がありますが、かつてアメリカで流行していた「ラブ・マジック」についてもふれておきましょう。「ラブ・マジック」とは文字どおりの「愛の魔法」

ですが、これがなかなかすさまじいのです。

ラブ・マジックは一応、主神をバフォメット（悪魔のひとり）などにおいています。彼らは人里離れた荒野で、スーパーマスターなる教祖的存在の人物を中心に集団生活を送っています。彼らの定めた階級以外はまったく自由で、恋人とか夫婦などの単位でない雑婚組織で生活しています。

スーパーマスターは絶対者であり、彼だけが悪の精霊と意を交わすことができます。彼の周囲には「ママ」と呼ばれる数人の若い女性の親衛隊がいて、彼を守っています。このほか、ゴライアスだのヘラクレスだのという屈強な男たちが集団を支えています。

彼らの主張は「この世を無制限の愛で包む」というものですが、実態は乱婚の集団生活であり、忌まわしい黒魔術の儀式を行なうことです。現在でも、こうした黒魔術的な集団は世界中に分布し、闇の活動を続けています。

黒魔術はいずれにせよ怨念の術ですが、昔から、「人を呪わば穴ふたつ」のたとえのとおり、怨みのエネルギーは自分自身の生命波動を乱れさせ、必ず呪詛《じゅそ》した人を破滅させることになるのを覚えておいたほうがいいでしょう。

ソロモン王と「白魔術」

こうした黒魔術の一派に対する、もう一派の魔術とはどういうものでしょうか。異端ではあるけれど悪魔の使徒となるのではなく、悪魔の力と対決しつつ自らの目的を達成しようという人々がいます。

この人々は正統とされる宗教教理に服従することは拒みますが、かといって、悪魔と手を結ぶわけでもありません。古来から伝わる自己の精神と肉体とを練成し、魂の向上をはかり、そこから得られる超常的なエネルギーの放出によって願望を成し遂げようと試みる人々です。

この一派の人々は、たとえばキリスト教のように西欧においてはほぼ国教ともいうべき本流の宗教にくみしていない事実から、明らかに異端の徒でしょう。

しかし、こうした一派の人々は、邪悪な精霊とは対決していこうという姿勢を崩しません。

西欧では、神と悪魔とは二元論的な立場を形成しているので、神を信じなければまた悪魔も存在しないという論も成り立つわけですが、ここでいう異端の人々の神は特定の名前をもつ神ではなく、宇宙にあまねく「善き精霊」と「邪悪な精霊」という二元論構成なのです。

こうした異端の人々の多くは、キリスト誕生以前にその英知によって悪しき精霊を封じることができたという、伝説的大王にして賢者たるソロモン王を信奉しています。ソロモン王は国家的に認められた神ではないですが、宇宙の精霊を信じる人々は、自分自身を磨き魂の向上を願って、ソロモン王に願望を託すのです。

こうした一派の人々の行なう秘儀を、先の黒魔術に対して、「白魔術」と呼んでいます。認知された宗教からみれば、いずれも五十歩百歩の邪宗となるのでしょうが。白魔術はその目的が自己鍛錬による精神浄化だけに、悪魔を奉じて欲望を満たしてもらおうというオドロオドロしい黒魔術からみると、迫力の点で少し劣るのは否めません。

ですから、一般に魔術・魔法といった場合には、人々は黒魔術を連想するようです。魔術に「白」「黒」があることは、ほとんど知られていません。

本書でとりあげる「おまじない」や「魔法」は、基本を白魔術においています。自己の欲望達成のために悪魔に魂を捧げ、黒魔術に手を染めるのも、個人の自由。

その正否を問うつもりなどさらさらありませんが、まあ、常識的な観点から考えても、悪魔などには近づかないほうがよいと思います。

約500年続いた中世の暗黒時代

アミニズム、トーテム信仰に始まり、宗教へと成長した精神的、神秘的領域も、その完成に至る道程のなかで魔術・魔法という鬼っ子を生みだした成り行きはすでに述べました。

特に西洋史で知るかぎりでは、キリスト教が絶対支配の勝利をおさめた中世は、異端に対する弾圧が非常に厳しく行なわれました。「宗教裁判」「異端審問」の名のもとに告発され、「魔女」「悪魔の使徒」という汚名を着せられて処刑された市民は、ヨーロッパ全土で100万とも300万ともいわれています。

中世の暗闇時代と呼ばれる時代は500年ほど続き、その間に古代から伝承されたさまざまの神秘的な学術は、ことごとく衰退してしまいました。カルディア人の天文知識も、ギリシャの哲学も、エジプトの科学知識も、すべて火刑台の火とともに消滅してしまったのです。

中世という忌まわしき時代の学問の本流は、サラセンと呼ばれたアラビア人の手に移り、近代科学の源流は中近東にその足跡をかいまみることができます。科学、天文学、医学、航海術など今日私たちが知る多くの基礎的学問は、アラビアからヨーロッパに逆輸入されたのでした。

「工夫、発明は神に対する反逆である」と宣言した教皇アレクサンドル3世のすさまじい命令がその効力を失うまでの長い長いあいだ、ヨーロッパはただ深く暗愚な眠りをむさぼり続けていたといってよいでしょう。

「神の家」が栄えた時代が、民衆にとっては「暗黒時代」というのも不思議な話ですが、宗教にしろ主義にしろ、教条的なドグマに陥るとその本質を見失ってしまうのです。

Christians bound to Axelltrees pitched in ye Ground in Rowes and so burned.
魔女と認められると火あぶりの刑に処された

近代魔法の成立

ともあれ、産業革命の足音とともに火刑台の火は下火になりました。

ですが、あまりに長い弾圧の歴史は、土着の神が角を生やし、尾をもつ怪物に変身するに至ったように、古代の深淵な神秘の学問は巷《ちまた》の迷信、世迷《よま》いごとなどの低俗なレベルにおとしめられ、ふたたび浮上することもできないほどのダメージを受けていました。

欧米ではようやく、心理学、考古学、文化人類学と並んで神秘学の研究が大学の表看板となる時代が到来しましたが、産学一体体制を固持する産業立国日本の大学では、まだまだ神秘学という分野には門戸を閉ざしていました。

さて、泥のなかに沈んだ古代の英知を世間の目もかえりみず、掘り出して水洗いしてみようという人が出てきました。近代神秘学の父といわれるエリファス・レヴィです。レヴィはすでに散り散りになった古代の神秘に関わる事柄を丹念に拾い集めて、神秘学という分野を開きました。

その後、神秘学に携わる人々はかなりの数があげられますが、労多くして益少なく、ときにはイカサマ師、ペテン師呼ばわりされることもある事情から、この学問の発展は遅々として進みませんでした。

謎の魔術使いたち

魔術師かイカサマ師か、いまもって謎の人物はいくらもいます。

たとえばカリオストロ伯爵と呼ばれた人物は、フランス革命前夜のパリで人気がありました。彼は魔術師でもあり、練度の高い錬金術師でもあったといいます。カリオストロはパリ市中に工房を構えて、錬金術に励み、銀の燭台を金に替えたとか、鉛20グラムから黄金1グラムをつくったなどの評判を立てました。また、醜い女性を美しくするという魔法も使ったようです。

カリオストロは大いに儲けてひと財産つくりましたが、魔法使いとして捕らえられ死刑になりました。面白いのは死刑の当日、火刑台で焼かれている自分を、群衆に混じって見物しているカリオストロを何人もの人が目撃したということです。

また、バイエルンの首都プラハの錬金小路に住んでいたユダヤ人の道士イザヤ・ベクランは、魔法と降霊術で死者を呼び出すことをなりわいとしていました。

呼び出してほしい死者の姓名や体格、年齢、職業などをベクランに伝え、肖像画などがあれば見せておきます。打ち合わせがすむとベクランは魔法をつかって死者の国に入り、さがして連れてくるというのです。

死者の霊との交信の準備が整うと、依頼者はベクランの家に呼ばれ、薄暗い部屋のなかで、ボーッと浮き上がる死者と対面します。死者の霊はしゃべりこそしませんが、依頼者の問いかけに対して、アルファベット板を指して返事をするのです。

ベクランの汚い部屋は、かなりのお客でにぎわい、そのなかには貴族も大商人も多くいたそうです。

ベクランの降霊術はずいぶん流行りました。しかし、飼っていた猫がランプを倒して火事になり、死者の影の現われる仕掛けが、当時は珍しかった幻燈だとばれて、彼は牢獄に入れられました。

彼などは、魔術師がイカサマ師と思われるもっとも多いパターンでしょう。

神秘主義の発展

やがて、神秘学は「ゴールデン・ドーン（黄金の夜明け）」と名乗る神秘主義結社へと引き継がれ、まじめな人々の手で少しずつ研究が続けられていきました。

ゴールデン・ドーンには、タロット・カード研究で知られたマグレガー・マザーズや、数々の神秘主義的な作品を書いたイェイツやマッケン、ブラックウッドなどがいました。しかし、多くのグループがそうであるように、この結社組織も、知識人特有の他者排撃が原因となってしだいに分裂していきました。

なかでも自らを「黙示録の獣」と呼んだアレイスター・クロウリーなど、狂暴な結社員が出るに及んで、いよいよ衰退していきました。

そうしたゴタゴタのなかで、女流神秘学者ダイアン・フォーチュンらによる「内奥の光」結社が部内サークルのような形で誕生し、魔法のもつ精神浄化効力などが実験されました。

また実践的な神秘家としては、ヨーロッパ大陸からアメリカへ渡って活躍したマダム・ブラヴァツキーなどが有名でしょう。自分の家の火事を遠くにいながら予見したスヴェーデンボリも、近代神秘研究家として歴史にその名を残しています。

その後、神秘研究の主流はしばらくドイツに移っていきます。

つねに人類のかたわらにあった魔術の力

原始の闇のなかに生まれ、カルディア、エジプト、ギリシャで磨かれ、ローマで栄光の座を勝ち得、中世の火刑台にあえぎ、近代科学に愚弄され、また見直され、火戦に耐えて、魔法・魔術は人類の歴史とともに歩んできました。その長い風雪はつねに歴史のひだのなかに隠れ、表街道に顔を出すことはありませんでした。

しかし、人間の心に欲望の火が消えないかぎり、また、現世において何人をもひとしく幸福の彼岸に導く神が現われでもしないかぎり、魔法や魔術が亡び去ることはないでしょう。

現代に生きる人の心のなかには、あの原始の暗闇の恐怖と、それを克服すべく高鳴ったシャーマンの太鼓の響きが、今日なお遠い記憶として焼きついているように思います。

人類の歴史のなかでつねにかたわらにあった魔術。集中力を高め、浄化の心をもって念をこめれば、これによりあなたの願望が叶う可能性はきわめて大きいのではないかと思います。

実践法1

愛の白魔術

ジプシー魔髪の秘法

片想いの人を振り向かせる

遠くから見ているばかりで声すらかけることのできない人……そんな片想いの人がいるあなたは、この魔法を試してみるとよいでしょう。

ジプシーの魔術師カールトン・ケースが研究したこの魔法は、きっとあなたの願いを裏切らないでしょう。文献によると、「ジプシー女王の集団」という組織が行なった魔法だそうです。

*

満月の晩を待ち、沐浴《もくよく》をして、髪と身体を洗い清めます。

身体に香油（オーデコロン、ボディローションでも可）を塗り、しばし沈黙のときをもちます。

髪の毛を1本抜いて相手の住む方角の空へ向けて吹き飛ばし、同時に、大きな声

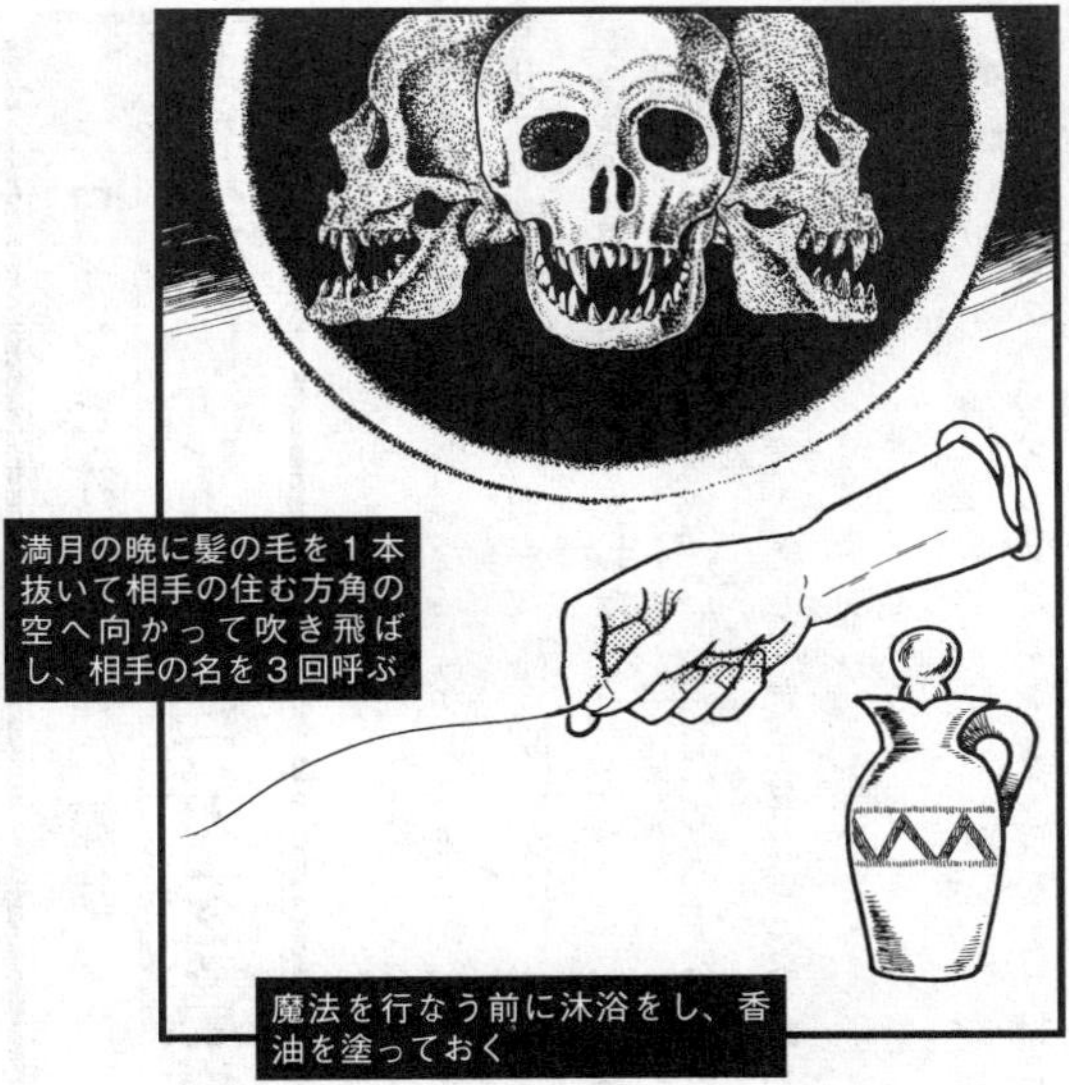
満月の晩に髪の毛を１本抜いて相手の住む方角の空へ向かって吹き飛ばし、相手の名を３回呼ぶ
魔法を行なう前に沐浴をし、香油を塗っておく

で相手の名前を3回呼びます。大声を出すことができない場合は、呼ぶにとどめてもかまいません。

そして、15分間、相手のことを一心に想います。

この魔法は、周囲に誰もいないときに行ないます。条件が整わない人は、ひとり旅に出かけた際などにやってみるとよいでしょう。

魔法を行なったあと、相手を見かけたときには、思い切って自分から近づいて微笑みかけてみましょう。

赤ワインとオレンジの媚薬《びやく》

片想いの人に自分を意識させる

媚薬という言葉を聞いたことがありますか。媚薬とはズバリ「惚れ薬」のこと。中世ヨーロッパの魔術師や女妖術使いが用い、ヒヨス、ベラドンナ、毒人参などの植物を調合して製造しました。

ただし、この3つは魔法植物のため入手は非常に難しく、手に入ったところで誤って用いれば命さえおとしかねません。そのため、ここでは別のもので調合します。

＊

グラス1杯の赤ワイン、オレンジの皮ひとかけら、シナモンスティックを用意します。自分の体温で赤ワインを温め、オレンジの皮を入れて、シナモンスティックでかき混ぜます。こうしてできた媚薬を、相手の身体のどこかにつけます。

これは、ヤスミンという魔術師の媚薬に登場する、相手を夢中にさせる調合法です。この魔術師はモリエ・ヤスミンという名の日本人だといわれていますが、詳細は不明です。

このほか、オレンジジュース1カップに、ハチミツ1さじ、シナモン、グローブ、カルダモン、ナツメグ、松の実の粉末を少しずつ加え、じゃこうのエキス（漢方薬局にあり）を1滴たらして、相手に飲ませるというやり方もあります。

シナモンスティック
オレンジの皮
ひとかけら
体温で温めた
赤ワイン
調合した媚薬を相手の
身体のどこかにつける

絆の妖呪

片想いの人に自分の存在を知らせる

通勤・通学の電車で会う人や行きつけの店で働いている人など、遠くから見ているだけで口を利いたこともないような相手に、なんとか自分を知ってもらいたい。そんなときに功を奏する護符《ごふ》（お守り）です。

真言の神道より伝わる護符ですが、具体的な対象者がいない場合には86ページの「出会いの護符」を、対象者がいる場合はこちらの護符を使います。

＊

和紙に墨で左ページと同じように書きます。

裏には、自分の姓名、生年月日を書きます。

これをお守り袋に入れるなどして、大切につねに身につけておきます。

この護符は、相手に出会った日の日付けを選んでつくるとより効果的です。たとえば、12月17日に出会ったのであれば、17日につくるとよいのです。

想いが通じて、相手に自分の存在を知ってもらうことができたときには、お守り袋から護符をとり出して燃やします。そして、その灰をかき集め、相手が住んでいる家の方向の土に埋めます。

若葉の恋の魔法

ただの友人から恋人に昇格する

友人関係まではこぎつけたものの、そこからの進展がないあなたは、アメリカの神秘学研究家G・リーランドの魔法を使って、相手があなたに恋心を抱くように変化を起こしましょう。

*

生まれたばかりの葉1枚をくわえて、東を向き、「太陽が昇るところでは、恋人が私のそばにいて」と呪文を唱えます。次に西を向いて、「太陽が沈むところでは、私が恋人のそばにいるように」と呪文を唱えます。

その後、葉を細かく刻み、相手と食事をするときに、さりげなく相手の食べるもののなかに混ぜ入れます。

葉を食べさせることがむずかしければ、ハーブのウッドラフの葉、または桜の花

呪文をかけた若葉を細かく刻んで、食べもののなかに混ぜ入れる
相手だけがそれを食べるようにする。自分で口にすると効力はなくなる

の塩漬けを使ってもかまいません。

呪文を唱えたあとに、これらを調理物に混ぜたり、あるいはこれらを混ぜてクッキーなどをつくり、相手に食べさせてもよいのです。

注意しなければならないのは、自分はいっさい口にしないということ。相手のみが主体となることを忘れないようにしてください。

柳の枝結びの魔法

告白に成功して恋人同士になる

勇気を出して好きな人に想いを伝え、恋人同士になりたい！　そんなあなたに柳の枝結びの魔法をお教えしましょう。

アメリカの神秘学研究家G・リーランドが、ジプシーの伝承より得た魔法です。おそらく中世ヨーロッパから北欧へと広がっていったものでしょう。

柳は、東洋でも「縁」にまつわる植物としてたびたび登場します。魔法のうえでは、なにか無言の約束ごとがあるのでしょう。

＊

まず、自然にからまって結び目をつくっている柳の枝を探し、10センチ程度切り取ります。枝を口にくわえながら、白い紙に次のような呪文を書きます。

「私はあなたの運をくわえ、足を飲みこむ。あなたの運は私にもたらされ、やがて、

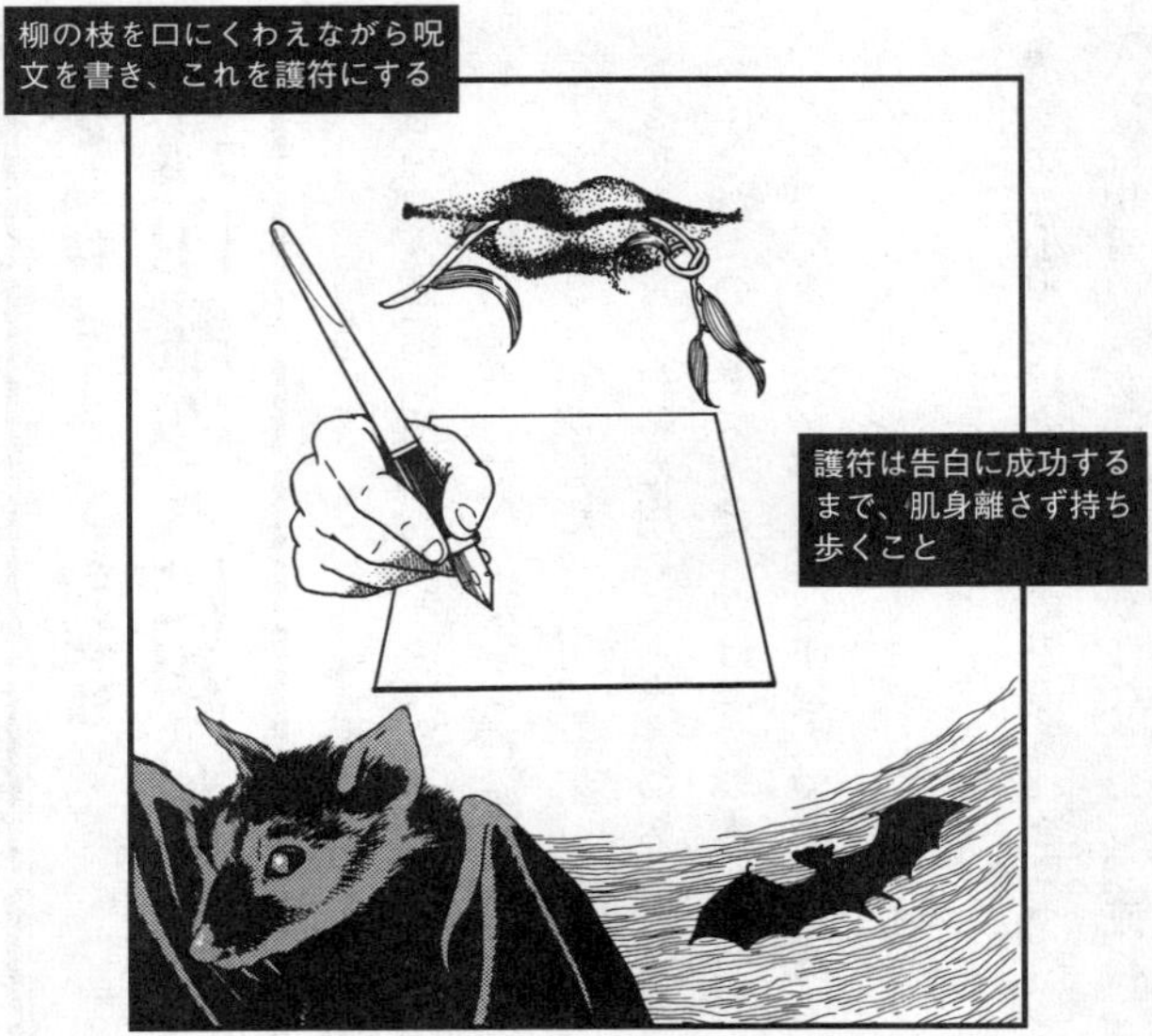
柳の枝を口にくわえながら呪文を書き、これを護符にする
護符は告白に成功するまで、肌身離さず持ち歩くこと

私のものになるように」

呪文を書いた紙で柳の枝を包み、これを護符（お守り）としてつねに持ち歩きます。

告白のチャンス到来というとき、この護符を握りしめてから行なうと、よい返事がもらえるでしょう。

また、晴れて恋人同士になれたら、この枝を相手のベッドのなかに隠しておくと、末永く相手の心をとらえておくことができるそうです。

最高神オージンの秘法

遠距離の人に想いを届ける

片想いの人が転勤や転校などで遠くへ行ってしまった、もう諦めなければいけないの？　と悩むあなたに、ゲルマン神話時代から伝わる魔法をご紹介します。

オージンら3神が連れだって川辺を歩いていると、2本の流木を見つけました。流木を拾い上げ、材料に用いて、最初の男女をつくりました。男はトネリコの木からつくられたのでアスクと、女はニレの木からつくられたのでエンブラと名づけられ、この夫婦からミズガルズに住む人類が生まれました――。

このゲルマン神話をもとにした魔法で、あなたの想いは必ず届くでしょう。

＊

清らかな小川の近くに行って川の流れを見つめ、相手を想います。

水面に相手の姿が浮かぶようになったら、流れてきた小枝、または木の葉を2つ

流れてきた小枝あるいは木の葉を２つ拾う
ひとつは相手の住む方角の土のなかに埋め、赤ワインを注ぐ
なにも流れてこなければ、川の近くに落ちている小石を２つ拾う

拾います。なにも流れてこなければ、川の近くに落ちている小石を拾います。

そして「最高神、万物の父なるオージンよ、アスクとエンブラのようにわれらを結びたまえ」と呪文を唱えます。

小枝（木の葉、小石）のひとつを相手が住む方向の土に埋め、上から赤ワインを注いでふたたび相手への愛を念じます。

もうひとつは大切に自分でもっています。

人《ひと》形《がた》分断の秘法

愛する人から連絡がくる

愛する相手からの連絡を待つときには、人形をつくって想いを託しましょう。

この魔法は、相手とあまり親しくない場合にも使うことができます。ただし、同時に何人もの人に用いてはならないので、対象となる人物を1人にしぼることが大切です。

＊

まだ一度も使ったことのない白い和紙を用意し、左右対称の人形の形に切り抜きます。朝一番の水ですった墨で、人形の右側に相手の名前、左側に自分の名前を書きこみ、中央からまっぷたつに切断します。

部屋の南側に自分の名前が書いてあるほうを、北側に相手の名前が書いてあるほうを、なるべく高い位置にピンでとめ、連絡を願います。

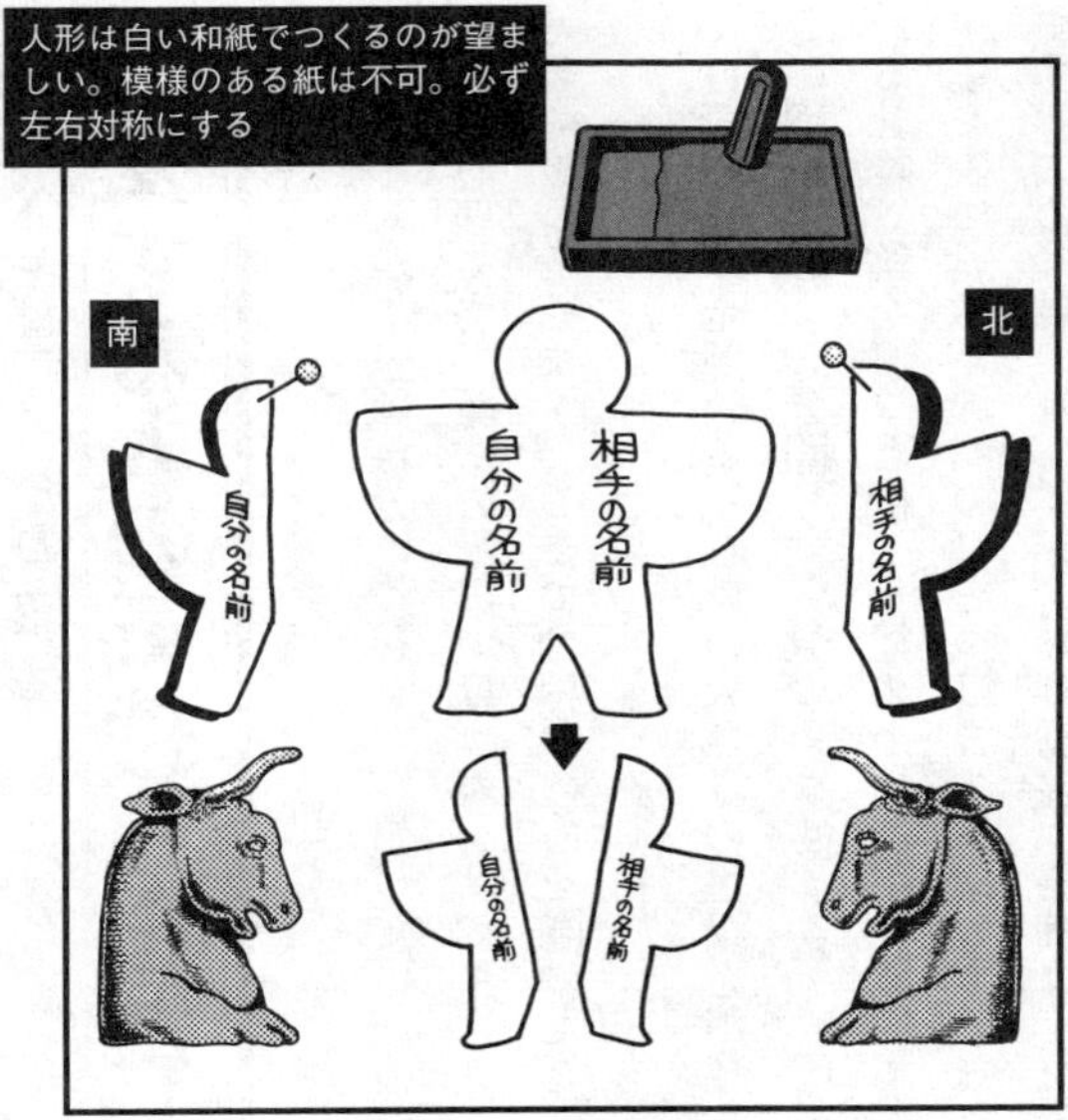
人形は白い和紙でつくるのが望ましい。模様のある紙は不可。必ず左右対称にする
南
北
相手の名前
自分の名前
自分の名前
相手の名前
自分の名前
相手の名前

半分に切断された人形はひとつに戻るのが自然。また、自然界では北と南は引き合うもの。

あなたの場合も、ひと月もしないうちに連絡が入るでしょう。

めでたく連絡がきたら、人形を貼り合わせ、清い流れのある川か海に流します。

１カ月をすぎても連絡がない場合は、もう一度、同じようにして人形をつくり、今度は闇夜（新月）の晩から始めます。

スペキュラムの魔法

愛する人の気持ちをたしかめる

愛する人が本当は自分のことをどう想っているのか知りたい……恋する人間なら当然の心理です。魔法の世界では、鏡をスペキュラムと呼んで、闇を映しだす道具として扱っています。ここでは相手の心を闇にたとえ、魔法をかけてみましょう。

＊

自分の顔が全部映るくらいの大きさの手鏡を用意します。電灯をほの暗くして自分の顔を映し、3分間じっと見つめます。

3分後、鏡をパッと伏せ、鏡の上に右手を置いて、相手の名前を3回呼びます。鏡を表に返し、部屋の灯をつけます。鏡の上のほうに、口紅で「目」の絵を描きます。この「目」は、エジプト神話の太陽神ラーを表わしています。

ふたたび鏡を裏返し、その夜はなにも考えずに眠ります。

手鏡に口紅で〈目〉の絵を描いて魔法をかける
相手の気持ちがたしかめられたら、ただちに鏡に描きこんだ〈目〉を消す

それから12時間後に相手に連絡をとり、気持ちを聞きます。この答えが、相手の本当の気持ちです。

連絡をとるときは、相手が仕事や学校などのない日になるように、時間を逆算して行ないましょう。

相手から答えをもらったら、すみやかに鏡に描きこんだ「目」を消すこと。消し忘れてそのままにしておくと、あなたの心の秘密がバレることがあります。

リンゴと天人花《てんにんか》の魔法

愛する人の心を独占する

恋人は自分だけのもの……そう思っていても心に不安があるあなたには、シェイブルという魔術師の、リンゴと天人花を使う魔法を紹介します。

リンゴは小さいほうがよいので、姫リンゴを用います。木からもぎとったものがあればなおよいでしょう。

天人花はヨーロッパでかつて冠として用いられたもので、オリーブや月桂樹が一般的ですが、現在では代わりにバラを使います。代用を心配する必要はありません。それよりも、精神を集中して行なうことがポイントとなる魔法です。

＊

魔法は金曜日の早朝に行ないます。

小さな白い紙に、赤い実（野イチゴ、山ブドウなど）をすりつぶした液で、自分

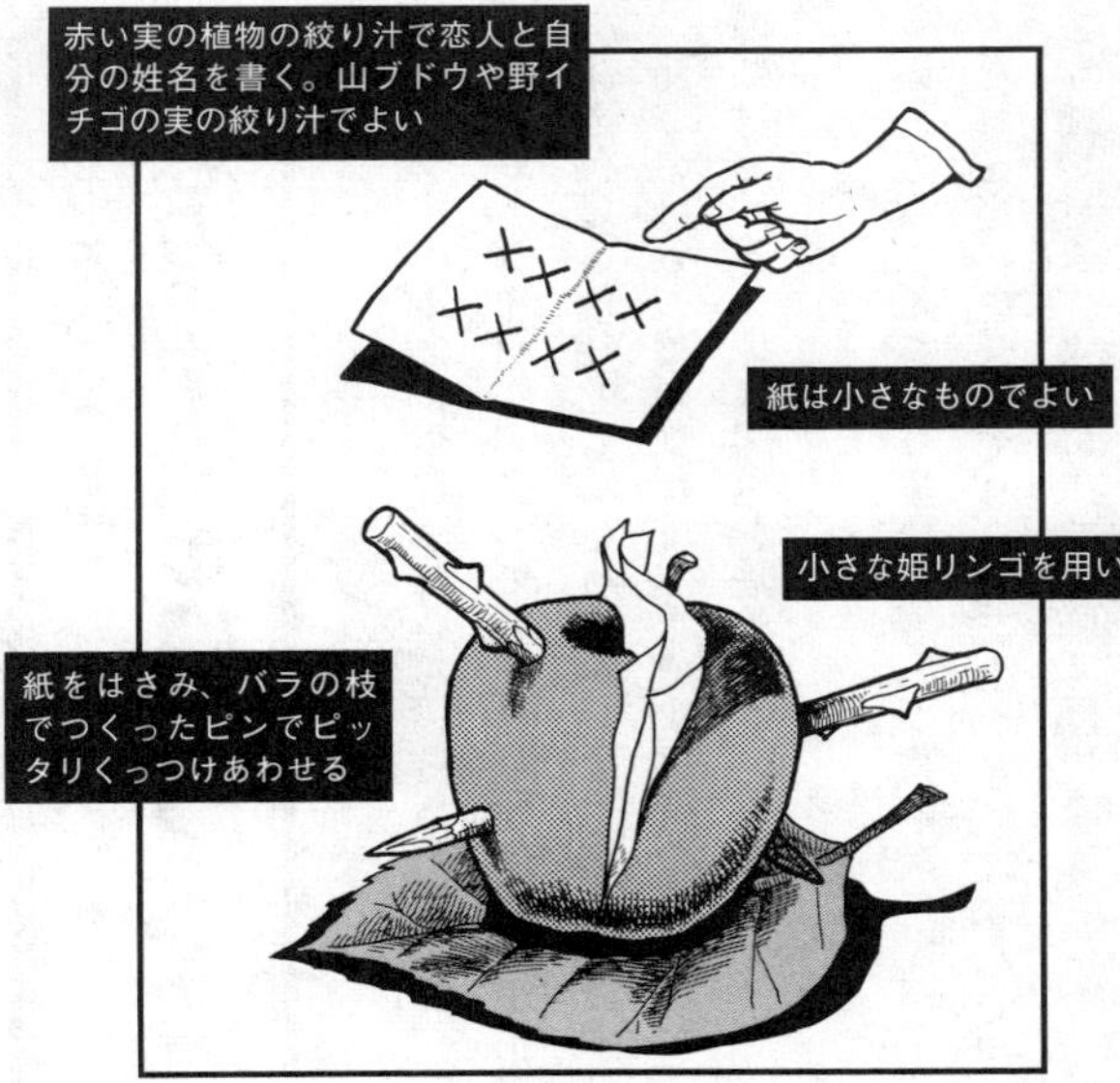
赤い実の植物の絞り汁で恋人と自分の姓名を書く。山ブドウや野イチゴの実の絞り汁でよい
紙は小さなものでよい
小さな姫リンゴを用いる
紙をはさみ、バラの枝でつくったピンでピッタリくっつけあわせる

と恋人の姓名を書きます。

赤いリンゴを真ん中で半分まで切り、紙をはさみます。

天人花（ここではバラ）の枝を2本用意し、先を尖らせてピンをつくります。ピンをリンゴに刺して紙を留め、オーブンに入れて乾かします。

これを天人花の葉にくるみ、悟られないようにして、恋人の枕の下に入れておきます。

魔の五つ葉

恋のライバルに勝つ

恋のライバルに勝つ呪法はいろいろありますが、この魔法は、ライバルに勝つというより、ライバルが去っていくといったほうが正確かもしれません。その意味で、あまり何度も使用しないほうがいいように思います。

使うのは五つ葉のクローバーです。四つ葉のクローバーが幸運のシンボルであるのに対し、五つ葉は凶兆を暗示しています。

＊

満月の夜、紙を切り抜いて、五つ葉のクローバーをつくります。

それを当日を含めて9日間、本などにはさんで押さえつけながら、「ライバルが去っていきますように！」と強く願います。

9日目に願いが終わったところで、紙を封筒に入れ、宛名にライバルの名前を書

恋敵の名を記した封筒に入れ、赤ロウで封印した後、燃やす
紙で五つ葉のクローバーをつくり、９日間、本のあいだにはさんで押しつぶす
××××

きます。

赤いロウを落として封をします。

完全に封をしたら、燃やす、あるいは捨てる、埋めるといった方法で抹消します。

この抹消の作業を、翌日まで持ち越してはなりません。

持ち越してしまった場合、あなた自身に「去る」ということがふりかかってきてしまうので、くれぐれも注意しましょう。

麦の穂の縁結び護符

恋人と結婚する

恋人はいるけれどなかなか結婚に至らない――そんなあなたには、「縁結びの護符」という魔法があります。ジプシー魔術師カールトン・ケースが編みだした魔法で、強力な力をもちます。

本来は小麦、からす麦、葦の葉でつくった呪符を使い、魔除けとしても用いられました。

イギリスの詩人ジョン・クレアによれば、「2本のわらを十文字にして、恋しい人を想いながら輪に編み、それをふたたび解いたときにうまくつながっていればふたりの恋は本物、そうでなければ願いごとは叶わない」ということだそうです。

あなたの場合は、うまくいくかどうかを占うわけではないので、次の方法で縁結びの護符をつくってみましょう。

＊

花屋で、ドライフラワーの麦の穂を２本求めます。

麦の穂の茎を叩いてヒモ状にし、２つの輪が交差するように結びます。

結び合わせた麦を、自分と恋人がいっしょに写った写真をおさめた額に入れます。入れる時間は「今日と明日の接点の時間」、すなわち夜中の12時です。

このことは恋人に告げてはなりませんし、また見つかってもいけません。

メアルデレンスの秘法

結婚願望を叶える

結婚したい具体的な相手がいる人も、今はまだ相手はいないけれど早く結婚したいと願う人にも、どちらにもよい結果をもたらしてくれる魔法です。

7種類のハーブが必要ですが、ハーブを選ぶときには、とくに慎重にひとりで選ぶこと。また、使用の目的を決して悟られないように注意します。

東欧の未婚の男女のいる家庭で17世紀くらいから秘かにとり行なわれていた魔法で、「メアルデレンス（Mme A R De Lens）の秘法」に由来しています。この由来にちなんで、ハーブのひとつを、ラベンダーやレモングラスなどLの頭文字で始まるものにするのもよいでしょう。

＊

3センチ幅の紙テープを自分のバストの長さで切り、それをさらに7等分に切り

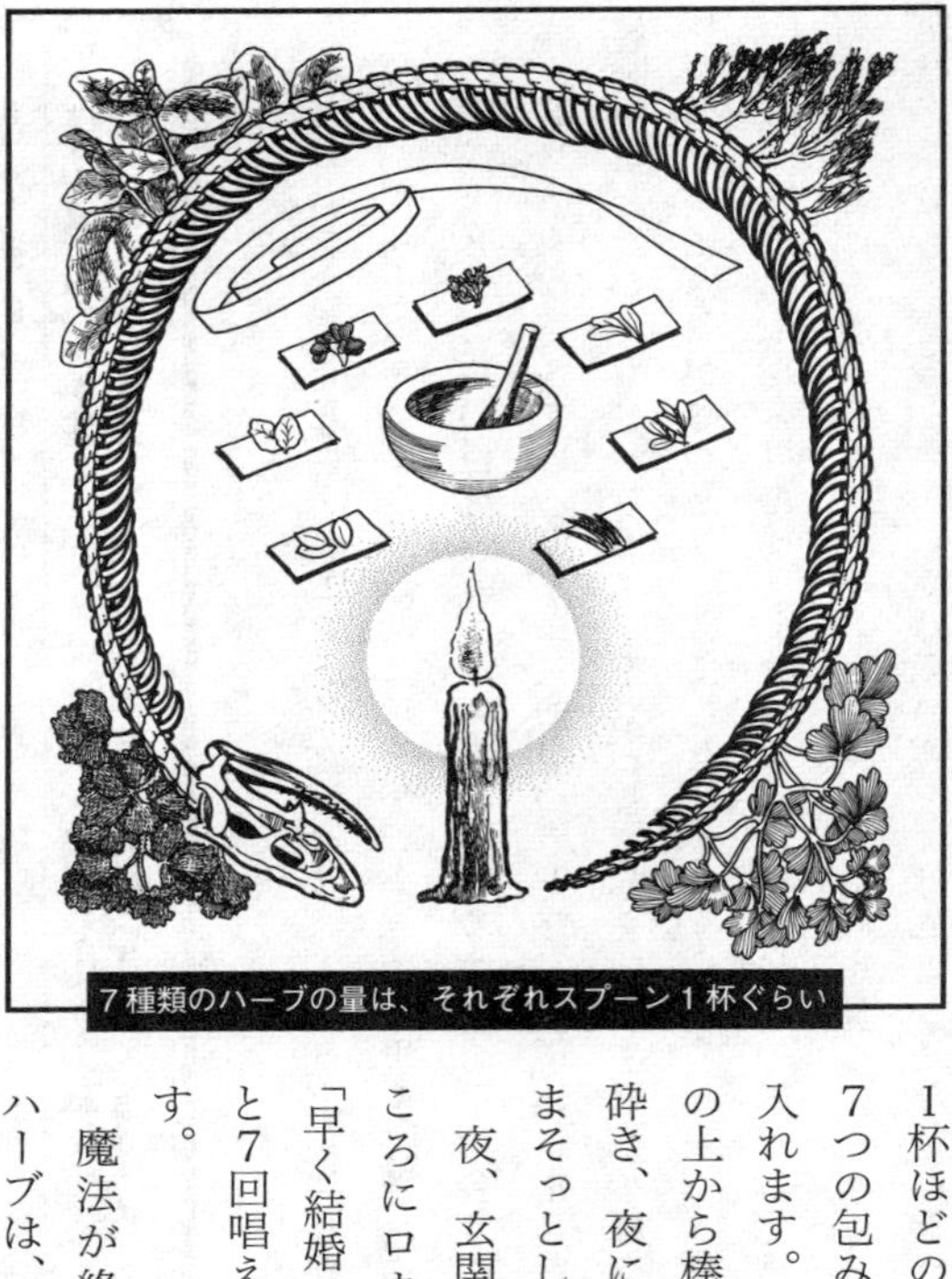

7種類のハーブの量は、それぞれスプーン1杯ぐらい

ます。それぞれにスプーン1杯ほどのハーブを包んで7つの包みをつくり、器に入れます。器のなかで包みの上から棒でハーブを突き砕き、夜になるまでそのままそっとしておきます。

夜、玄関の扉を閉じたところにロウソクを灯して「早く結婚できますように」と7回唱え、すぐに消します。

魔法が終わったあとのハーブは、夜明けまでに土に埋めておけば完璧です。

桑の実の愛呪

親が反対する恋を成就させる

バビロニアの青年ピューラモスと乙女ティスベーは、家が隣り同士で恋人でした。しかし、親同士の仲は悪く、結婚はおろか、会うことすら許されませんでした。

ある夜、2人は親の目を盗み、ニノスの墓の桑の木の下で会う約束をしました。ティスベーが待っていると、口に血をつけた獅子《しし》が現われました。あわてて岩陰に隠れましたが、うっかりベールを落としてしまいます。獅子はベールを食いちぎり、ベールには血がべっとりつきました。

血のついたベールを見たピューラモスは、彼女が死んだものと思い、自らの胸を剣で突いて死を選びます。息絶えたピューラモスを見つけたティスベーもまた冥府宮へと旅立ち、そのときから桑は赤い実をつけるようになったそうです。

両家の両親は深く反省し、2人の永遠の愛と冥福を祈って、桑の実を2人の愛の

熟した桑の実を７粒
ずつ２つの赤い布袋
に入れる
夜８時、たがいの庭に埋め
その上を７回踏みしめる

シンボルとしてまつりました。

さあ、桑の実の魔力を借りて、愛の成就を祈りましょう。周囲の祝福を受けて結ばれる日は近いはずです。

＊

赤く熟した桑の実を7粒ずつ入れた赤い布の袋を2つ用意します。

夜8時きっかりに、たがいの家の庭に袋を埋めます。埋めた土の上を7回踏みしめ、2人の絆がより深まるように祈ります。

マジカルパワーコイン

2人の愛が永遠に続く

相思相愛の2人のための魔法です。永遠なる愛の継続を祈って、神聖な気持ちで行ないましょう。

＊

まず、外国のコインを2枚手に入れます。

これはアメリカより伝わった魔法なので、アメリカの25セントコインを使うと、より魔力があります。欧米では、コインはことに望みを叶えてくれる幸運の印とされているからです。

2人で1枚ずつコインをもち、「打ち合わせ」をします。

打ち合わせとは、同じ日の同じ時刻に、朝一番に出した水道水でコインを洗い、両手にはさんで温め、コインに軽くキスをすることです。

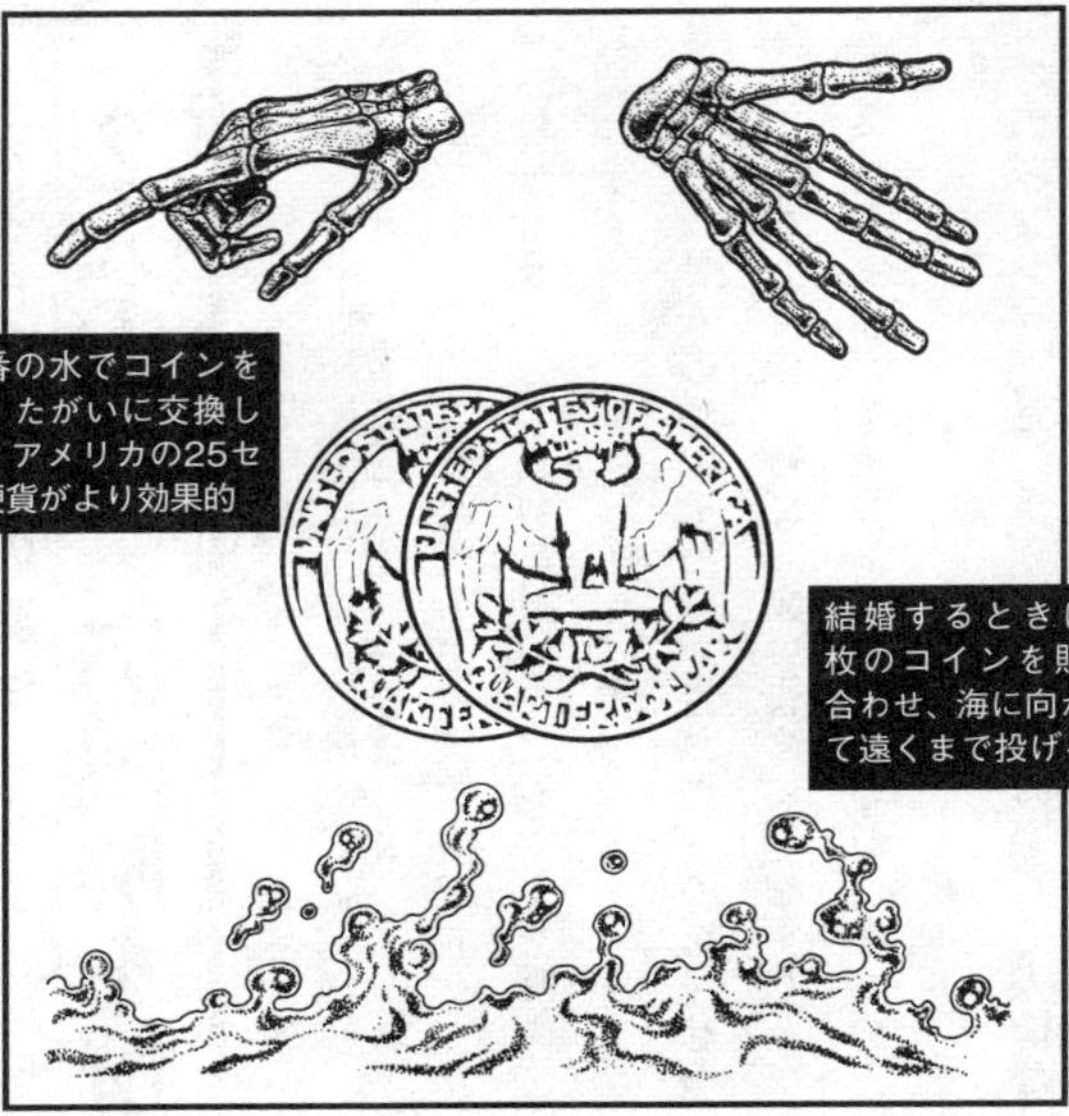
朝一番の水でコインを洗い、たがいに交換し合う。アメリカの25セント硬貨がより効果的
結婚するときは2枚のコインを貼り合わせ、海に向かって遠くまで投げる

その後、コインを交換し、それぞれ大切にもちつづけます。

朝一番の水でコインを洗う時刻がぴったり同じであれば、さらに効果が高いでしょう。

魔法の結果、2人がめでたく結婚に至ったら、コインの裏と表を強力接着剤で貼り合わせ、海に行って遠くに向かって投げます。

これにより、未来永劫、仲睦まじく暮らせる魔法がかかるといわれています。

プシュケの蝶の魔法

2人のあいだの誤解を解く

アフロディテの息子で愛の神エロスは、美しい人間の乙女プシュケに恋をします。しかしプシュケは、その美しさゆえにアフロディテの怒りをかってしまいます。エロスは一計を案じ、自分の神殿にプシュケを呼んで、姿を見せないようにして彼女と契ります。

ある日、2人の姉にそそのかされて、姿を見せない夫を怪物と思いこんだプシュケは、エロスを傷つけてしまいます。罪を犯したプシュケにいくつもの試練が与えられますが、やがてゼウスにより許され、傷ついたエロスも救われます。

＊

このギリシャ神話のように、自分の過ちで大切な人を傷つけてしまったときは、1頭の蝶をつかまえて手のなかに包みこみ、「2人のあいだの誤解が解けて、うま

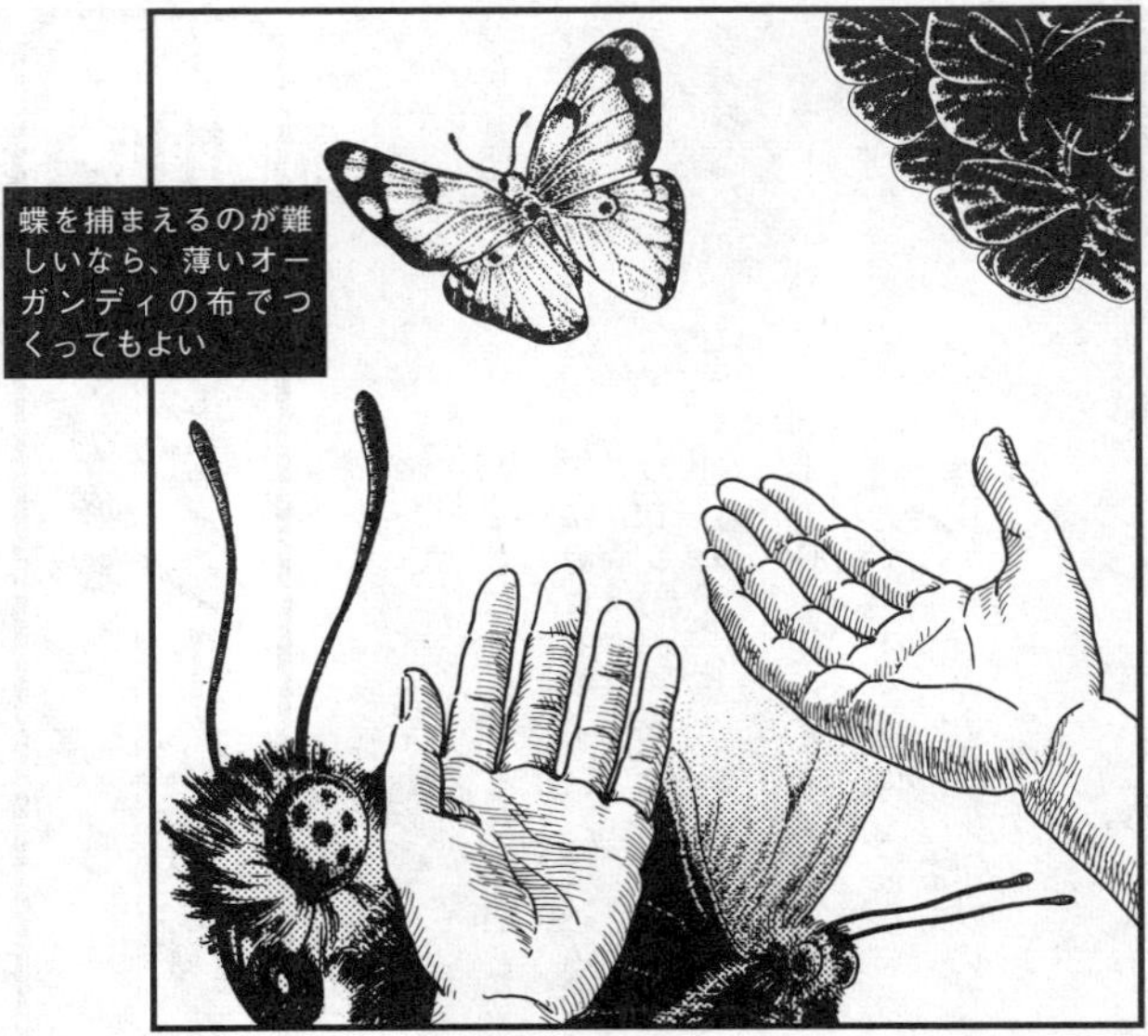
蝶を捕まえるのが難しいなら、薄いオーガンディの布でつくってもよい

くいきますように」と託します。

ギリシャでは、蝶は霊魂を象徴し、同時にプシュケのことも意味しています。

やり方は単純ですが、蝶を捕まえるのは至難の技。冬のように閉ざされた相手の心に春を呼び戻すには、大変な努力が必要なのです。

あなたが心から反省しているのであれば、オーガンディの布地で蝶をつくって代用してもよいでしょう。

ベラドンナの媚薬

相手をセクシーな気持ちにさせる

ベラドンナは、ラテン語で「美しい貴婦人」という意味。魔法植物であり、相手の心を狂おしくさせる媚薬としても、また毒薬としても使われました。

アトロピンや猛毒のアルカロイドを含んでいるので、素人は絶対に扱ってはなりません。ちなみにアトロピンという名は、運命の女神アトロポスに由来するベラドンナの俗名アトロッパからつけられたそうです。

ベラドンナがなぜ相手の心を狂わすのか……効果的に用いると目が美しく潤んだように開き、その瞳の魔力で相手を虜にしてしまうからだといわれています。

ベラドンナそのものは用いませんが、釣鐘《つりがね》状の花の形が似ている別の植物で代用してみましょう。

＊

月の形が変わる夜に
入れ替える
ホタルブクロやツリ
ガネソウの押し花を
枕の下に

ホタルブクロやツリガネソウなどベラドンナに似ている花で押し花を複数つくります。これを、あなたが愛し、セクシーな気持ちにさせたいと願う相手の枕の下に、見つからないように入れておきます。

そして、月の形が変わる夜（上弦の月の夜、満月の夜、下弦の月の夜）に、別の押し花に替えます。上弦や下弦の月は、左右が半分ずつ欠けた月の形を目安にしましょう。

秘密あばきの紋章

愛する人の秘密・浮気を知る

配偶者や恋人の隠しごと、浮気を知るための方法です。

この魔法は、相手に愛情がある人は行なってよいのですが、憎しみのさなかにある人は行なってはいけないとされています。

憎悪や嫉妬などマイナスの思い入れが強すぎると、秘密が明らかになったときに訣別を迎えるか、または自分の身体に支障をきたすことになるからです。

魔法の種類はちがいますが、アブラメリンの護符を使って妻を呼び戻そうとした作曲家のピーター・ウォーロックは、妻は戻ったものの、その後しばらくして彼自身が自殺してしまいました。くれぐれも気をつけて行なってください。

＊

乾いた木片に、左ページ図の紋章をコピーしたものを貼ります。

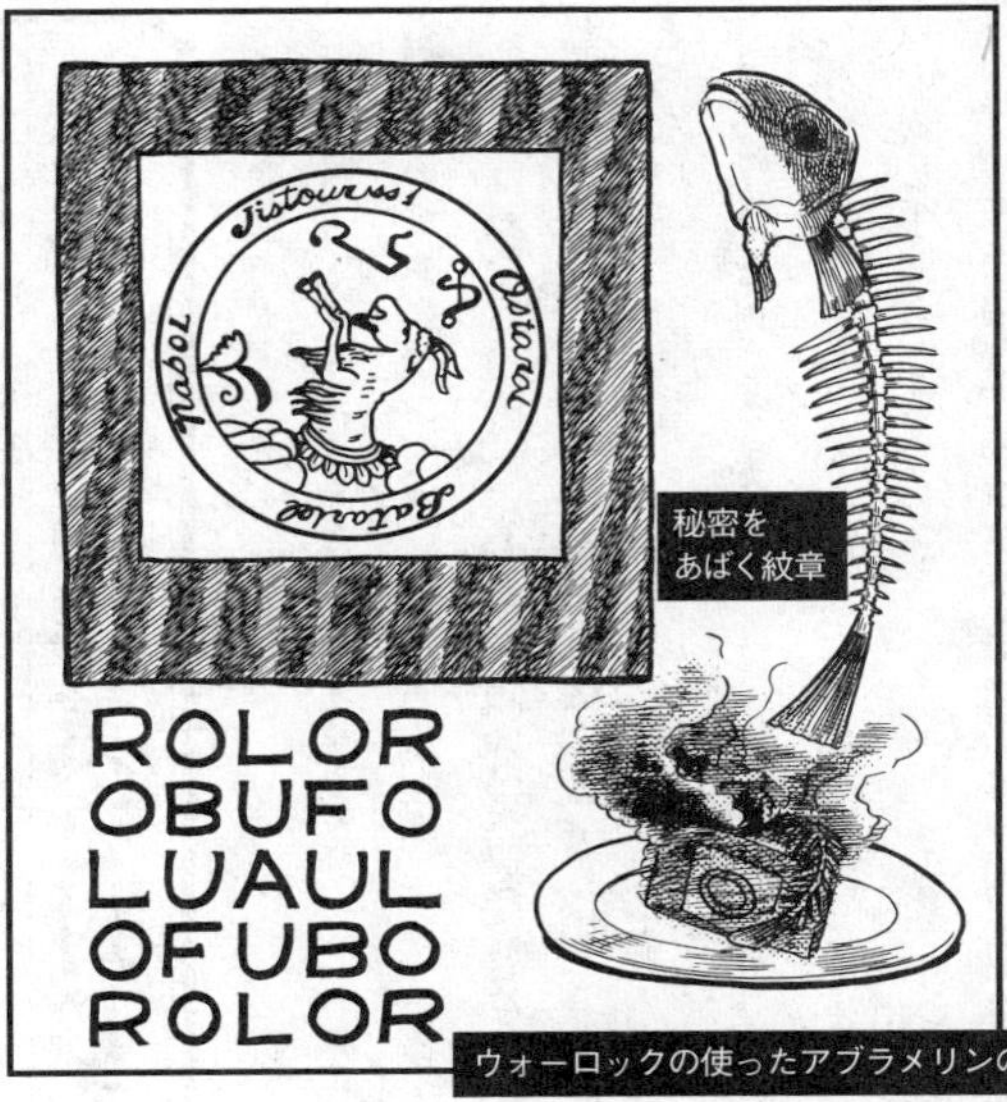

Jistourus!
Ostaral
Batanle
Nabol
ROLOR
OBUFO
LUAUL
OFUBO
ROLOR
秘密を
あばく紋章

ウォーロックの使ったアブラメリンの護符

「隠された秘密を知ることができるように」と祈りながら、乾燥させた魚の骨といっしょにこの木を燃やします。

このとき、なるべく大きな骨を使って燃やすこと。また、煙が多ければ多いほどよいので、ほかのものを加えて燃やしてもかまいません。

数日後、秘密はあなたの前に明らかになるでしょう。

足跡の魔法

愛する人の浮気を封じる

ジプシーにまつわる魔法は数多くあり、そのどれもが個性的で強烈な効きめをもっています。ロンドンに住むある女性から、ジプシーの縁結びの魔法を使って相手と結ばれたものの、だんだん想いは冷めてきている、でも魔法のせいで別れることができない、という話を聞いたことがあります。くれぐれも、魔法の効果をあなどらないことです。

この浮気を封じる魔法も、G・リーランドのジプシー魔法です。現在、愛する人の浮気に悩まされているあなたは試してみるとよいでしょう。また、浮気癖のある人の封じ手にもなるでしょう。

ジプシーの娘は、浮気男の足止めに、相手の足跡を見つけてその型どおりに地面の土を掘りおこし、呪文を唱えながら土を柳の木の下に埋めたそうです。すると男

相手の靴から足型を紙にとり、夜8時に呪文を唱えながら柳の木の下に埋める

は足止めされたようになり、娘のもとにクギづけになってしまうそうです。

現代では足跡を掘りおこすことは難しいので、相手の靴から足型を紙に描き写して使います。

＊

夜8時に、「私に悲しみはない。あの人が斧で私はその柄、あの人がオンドリで私はメンドリ、早くこのようになりたいもの」と呪文を唱えながら、相手の靴から起こした足型を柳の木の下に埋めます。呪文はすべて暗記しておきます。

贈りものの魔法

プレゼントの効果を倍増させる

相手の気持ちを自分に向けるのに、プレゼントはとても有効な手段です。ただ渡すだけでは心もとない、プレゼントの効果を倍増させたいと願う場合の魔法をいくつかご紹介しましょう。

このなかからひとつだけ選んで、実行してみるとよいでしょう。

＊

〈魔法①〉プレゼントの包みの隅に小さく、マーキュリーのマーク（左ページの右上のマーク）を針で突いて刻んでおきます。マーキュリーには「メッセンジャー」の意味があります。あなたの心を伝えてくれるでしょう。

〈魔法②〉手渡す前に、大きな鳥の羽でプレゼントの上をなでながら、想いをこめて相手からよい返事をもらえるようにと祈ります。

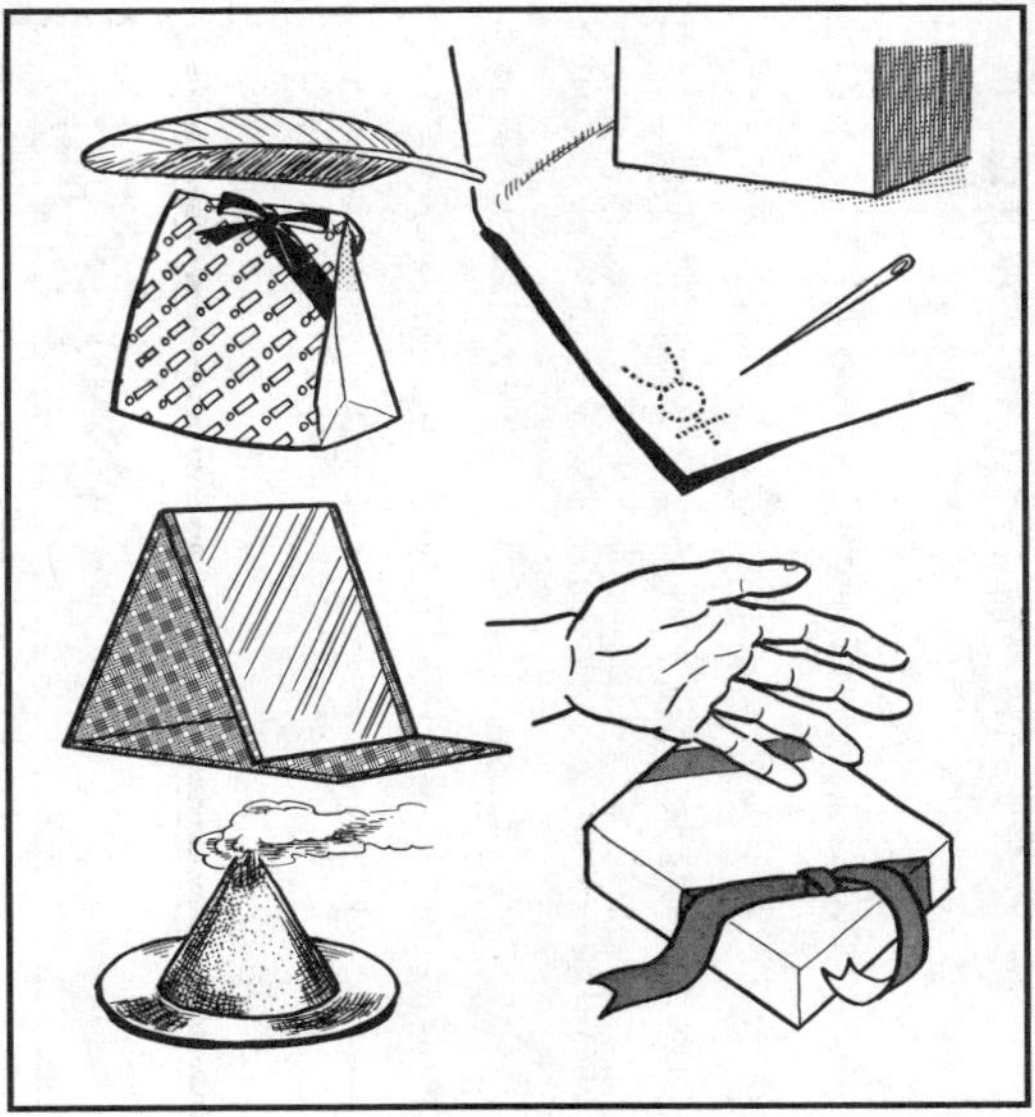

〈魔法③〉赤い色のリボンを選び、固く結びます。結び目に、赤いバラの花びらを浮かせた赤ワインを1滴にじませてから贈ります。
〈魔法④〉プレゼントの品に鏡を選び、包む直前に、自分の顔を映します。
〈魔法⑤〉プレゼントを渡す前の晩に香を焚きしめ、相手に自分の気持ちが伝わるようにと祈りを捧げます。翌日、同じ香を焚いてから、渡しに出かけます。

アポロンの復縁の呪法

復縁する①

振られた相手に未練がいっぱい、なんとか復縁したい……。恋をふたたび呼び戻したいあなたは、ギリシャ神話をもとにした魔法を試みてはいかがでしょう。

エロスの恨みをかったアポロンは、恋をそそる矢を受けたため、河の神ペネイオスの娘ダフネに恋をします。しかし、彼女は恋をはねつける矢を受けたので、アポロンの愛を拒否しつづけます。なおも迫ろうとするアポロン。

とうとうアポロンの掌中に捕らえられようとするダフネは、父親に助けを求め、自ら月桂樹に姿を変えてしまいます。アポロンは嘆き悲しみ、月桂樹を自分の聖木にするのでした。

この魔法を用いて、愛を甦らせてみましょう。

*

月桂樹の葉３枚にペンで相手の名を記す
燃やし、相手の写真を煙にさらす

月桂樹の葉3枚（料理用のドライローリエでも可）を用意し、それぞれにペンで相手の名前を書きます。

耐熱皿に葉を置き、火をつけて燃やします（火の取り扱いには十分注意してください）。

相手の写真に煙をあてて、アポロンの加護による復縁を祈ります。

完全に火が消えたことを確認し、月桂樹の灰を、相手の家の方向に飛ばします。

パピヨンの呪符

復縁する②

愛は失われてしまった、でももう一度やり直したい……そんな、復縁を願うあなたのための護符をご紹介します。

これはギリシャ神話に由来する呪法で、パピヨン（蝶）は霊魂を意味しています。

＊

10センチ四方くらいの板にオリーブオイルまたはハーブオイルを数滴たらし、よく拭いてきれいにします。

左ページの図を参考に、蝶の呪符を、彫刻刀などを使って板に刻みつけます。絵のとおり忠実に刻むことが難しければ、蝶の輪郭をなぞるだけでもかまいません。

再度、板にオリーブオイルを数滴たらし、相手の心がふたたび戻ってくるように祈ります。

霊魂を意味する蝶の呪符

板は10センチ四方くらいの大きさのもの

この、オリーブオイルをたらして祈ることを、相手の心が戻ってくるまで毎日続けます。

彫刻刀がないなどで板に刻むことが難しい場合は、太字のボールペンで木の表面に刻むようにしっかりと描くことでも代用できます。

めでたく相手があなたのところに戻ってきたときには、木片の裏側にあなたと相手の名前を書きこみ、燃やしてしまいましょう。

出会いの護符

出会いのチャンスを得る

出会いがほしい、恋人がほしい、という願いを叶えてくれる護符を紹介しましょう。この護符を身につけていると、ふしぎと出会いのチャンスにめぐまれます。

しかし、あくまでもチャンスはチャンス。それをいかして、その先につなげられるかどうかはあなた次第です。

*

産土《うぶすな》神社（自分の生まれた場所のもっとも近くにある神社）から汲んできた水で墨をすり、一度も使っていない白い紙に、左ページの文字を1字1字ていねいに書きます。

これをお守り袋に入れるなどして、大切につねに身につけておきます。

残った墨汁は家の北側の土に吸いこませます。その土を少しだけとり、乾かして白紙に包んでとっておきます。

こうしてつかんだ恋に、後日、困難が生じたときには、この土をとり出して、恋人の家の北側にまくと解決策が見つかります。

墨汁を吸いこませた土
は乾かしてとっておく
とよい

赤い輪の秘術

運命の恋人にめぐり会う

運命の恋人にめぐり会うための魔法にはさまざまなものがありますが、このジプシーの秘術を使えば、あなたと運命の赤い糸で結ばれている相手をたぐり寄せることができるでしょう。

＊

この魔法は月夜の晩に行ないます。

赤い実をすりつぶした液を左手の薬指につけ、その液で純白の便箋の真ん中に自分の姓名を書きます。

不鮮明な赤い液では効果がうすいとされているので、山ブドウや野イチゴの実などを探して使うといいでしょう。

残った液で、姓名の周囲に３つの輪を描き、紙を折りたたみます。

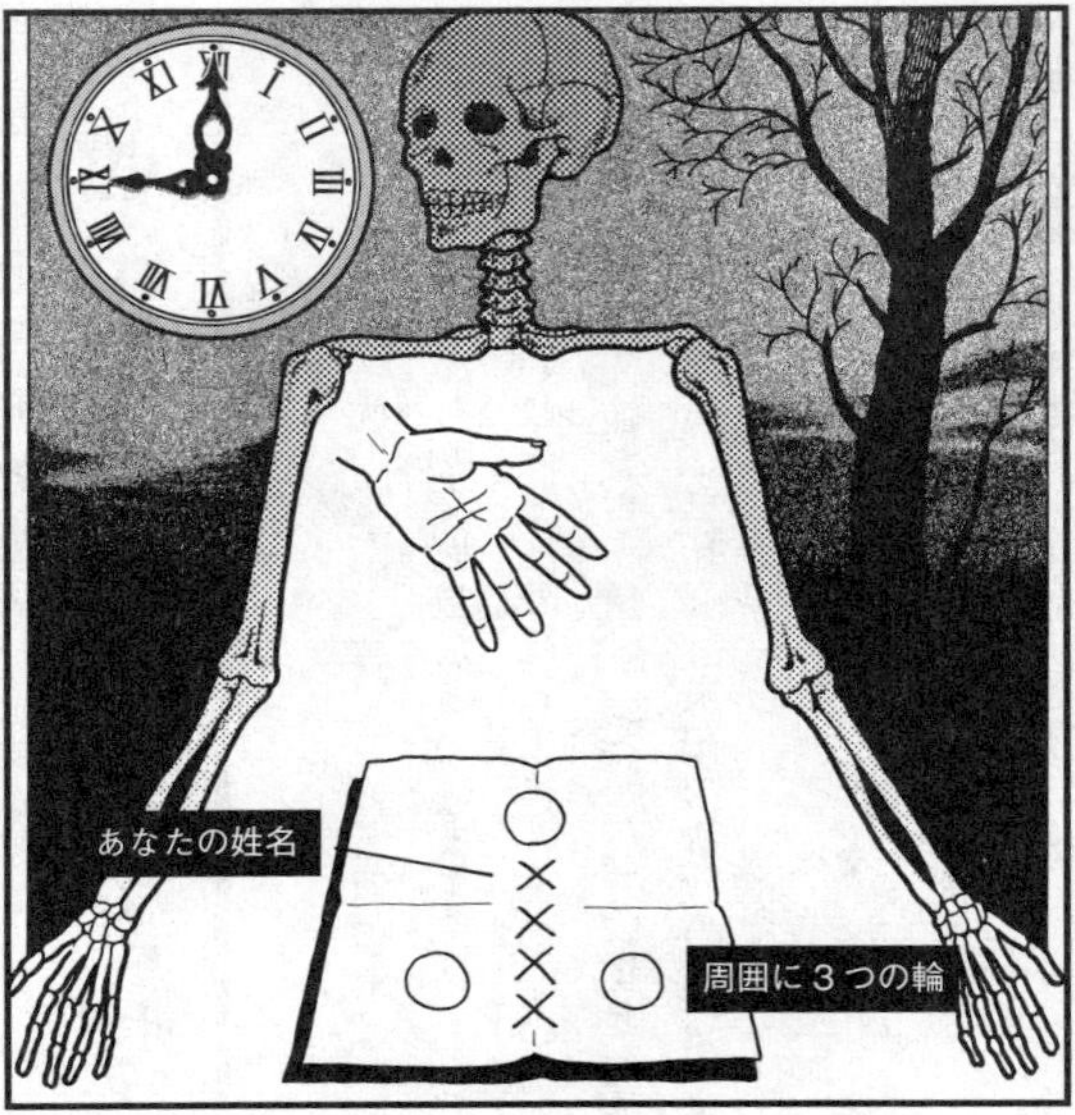

次の夜になるまで折りたたんだままにしておき、夜の9時きっかりに土のなかに埋めます。

紙を埋めてから3回めの雨降りの日がすぎると、まだ見ぬ運命の恋人との出会いは近いといわれています。

この魔法のことは誰にもいってはいけません。また、魔法をしている姿を誰にも見られないように注意しましょう。

芒星七角形の護符

運命の恋人を呼び寄せる

エリザベス朝時代の魔術学者ジョン・ディーは、エドワード・ケリーを霊媒として、天使や精霊たちと交流したといいます。

そのときに使われた魔法陣は、アエメトの印のようなマンダラの形をした「芒星七角形（七つの先端をもつ星）」でした。芒星七角形はエンドレスになっており、始めも終わりも存在しません。未知なるものと交流する魂には、このような魔法陣が大いに必要なのです。

まだ見ぬ運命の恋人を呼び寄せたいのであれば、芒星七角形の力を借りましょう。

＊

左ページの魔法陣から芒星七角形を写しとり（コピーでも可）、眠りにつく前に、指でなぞりながら恋人の魂を呼びます。このとき、具体的に理想とする相手を思い

未知の恋人を呼びよせる芒星七角形

描き、また、相手には自分の性格や容姿などを伝えます。

これを幾晩かくり返すうち、恋人となるべき人がやってくるといわれています。

役目を終えたあとも、芒星七角形は他人に譲ったりせず、護符（お守り）として大切に保管します。

誤って誰かの手に渡ってしまうと、せっかくめぐり会えた恋人があなたのもとから去っていってしまうからです。

ケストスの帯

異性の注目を浴びる

愛と美の女神ヴィーナスは、ギリシャ神話のアフロディテと同一視されています。海の泡から生まれたといわれ、たいへん美しく、相手の心を魅了してしまう力をもった女神です。彼女の歩いたあとには花が咲き、四季の女神たちはその花をつんで冠や衣服をつくったといわれます。

ヴィーナスはケストスと呼ばれる帯をもっていましたが、どうやらその帯に相手に愛情をおこさせる力があったようです。ケストスをつくって秘かにもてば、あなたもヴィーナスの力を借りることができます。

ただし、ケストスを所有できるのは高潔な魂の持ち主だけ。日常雑事に追われ不摂生をしているなら、まずはそれを正しましょう。また、お酒やタバコをたしなむ人は、30日間、禁酒禁煙をしてのぞみましょう。

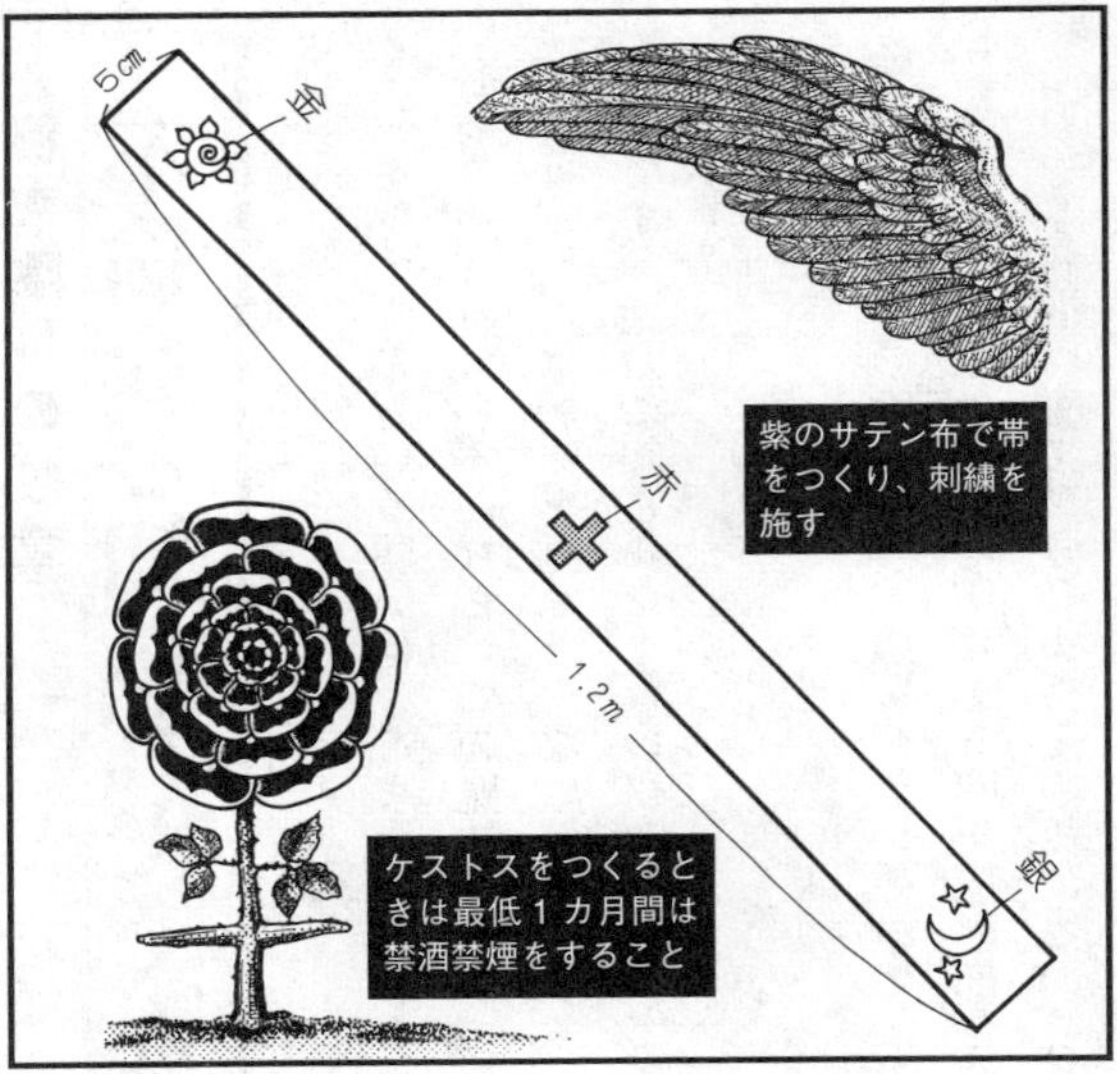
5㎝
金
赤
1.2m
銀
紫のサテン布で帯をつくり、刺繍を施す
ケストスをつくるときは最低１カ月間は禁酒禁煙をすること

＊

長さ1・2メートル、幅5センチの紫のサテン帯を用意します。

上図のように、金の糸で太陽を、銀の糸で月と星を、赤の糸で十字をそれぞれ刺繍します。

金曜日の夕方、帯を身につけて、ヴィーナスが好んだバラの花を1本買いに行きます。

このとき、帯は素肌にじかにつけ、人目にふれないようにします。

秘密隠しの紋章

不倫など知られたくない秘密を隠す

不倫を隠すなどという願いは、あまりいいテーマではありませんが、もしあなたが必要に迫られているのなら、この魔法を試してみるとよいでしょう。

これは、他人に弱味を見せたくないときすべてに共通して使える、応用範囲の広い魔法です。絶対に知られたくない秘密をもっている人は、実行してみる価値はあるでしょう。

＊

闇夜（新月）の晩を待ち、黒いサテンの布に銀の刺繍糸で紋章を刺します。紋章は、左ページの図の円の内側にある四角形の部分を用います。

これを7日間、香で焚きしめ、その後、この紋章を持ち歩きます。

刺繍の技術がない人は、黒い布か紙に銀色のペンで紋章を描きこむことでも代用

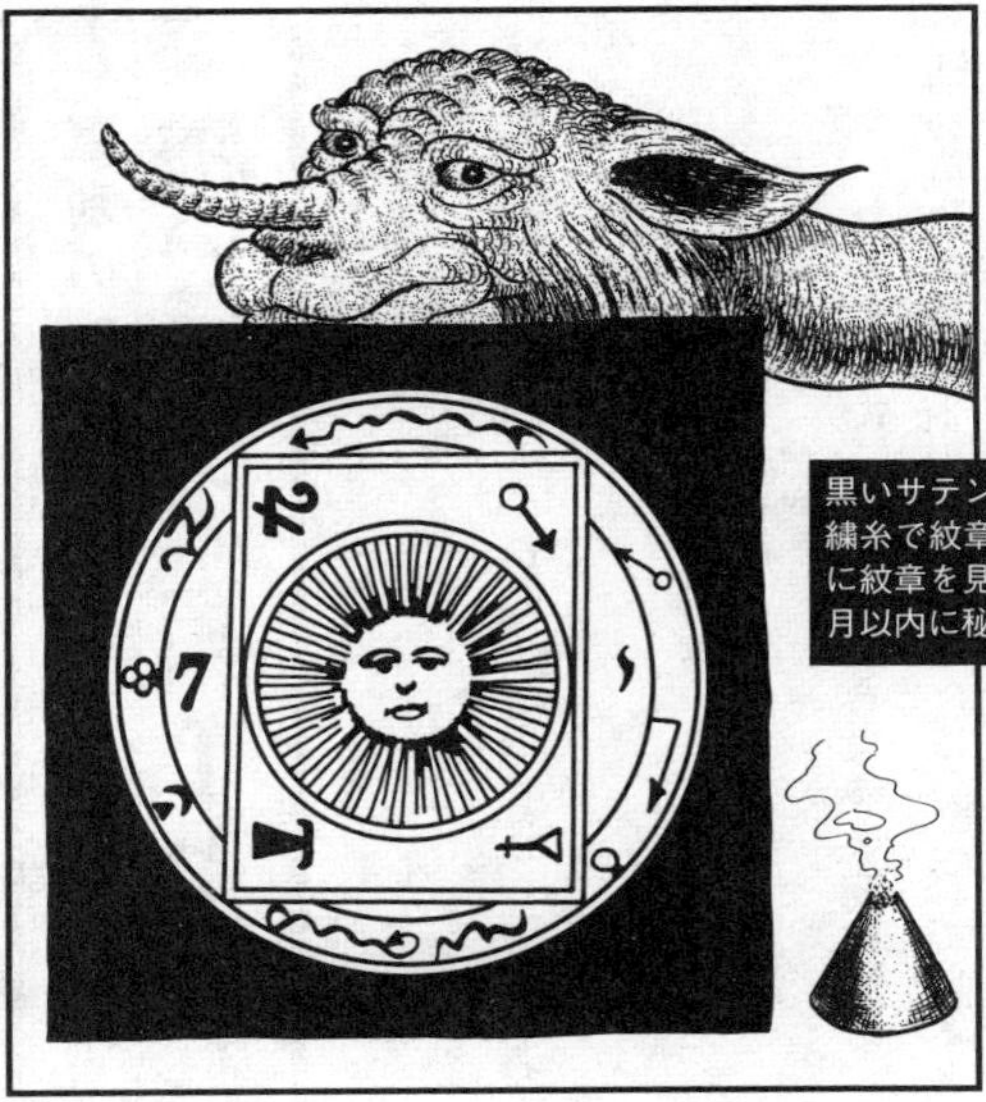

黒いサテンの布に銀の刺繍糸で紋章を縫う。他人に紋章を見られると３カ月以内に秘密はバレる

できます。

他人にこの紋章が見つかった場合には、３カ月以内に秘密がバレてしまうことになるので、くれぐれも用心する必要があります。

抹消するときは、満月の日を選び、布にオリーブオイルを数滴たらしてから燃やしましょう。

離別の秘法

嫌いになった相手と別れる

嫌いになってしまった相手と別れたい、しかも、自分から切り出すのではなく、自然に相手が離れていってくれたなら……と願うあなたは、真言神道による秘符を用いるのがよさそうです。

この魔法も、誰にも知られないように注意して行ないます。

＊

まず、沐浴（入浴）をして髪と身体を洗い清め、心を鎮めます。

清い流れをもつ小川がふたまたに分かれているところから水を汲み、その水で墨をすります。墨をつけた筆で、左ページを参照して白紙に文字を書きます。

書いた紙を封筒に入れ、固く封をして、その表と裏にさらに左ページのように文字とマークを印します。

これを、気づかれないように相手の枕の下に入れておくか、または自分の身につけておきます。

これで、相手はおのずと遠ざかっていくでしょう。

なお、使った墨汁は、家の南側に捨てます。すった墨のほうは、ふたたび使用してもかまいません。

すぐにできるおまじない——①

◆白い鳥が屋根の上にとまったとき◆

目の前で白い鳥が、塔の先や屋根、電柱など高いところにとまったら、その鳥は、愛や友情の使者です。飛びたって行ってしまうまで、静かにその場で見守りましょう。

その後、けんか別れをしてしまった友人や恋人、以前から交際を申しこみたかった相手に手紙やメールを送ると、かならず心が通じるでしょう。

◆コインを拾ったとき◆

コインを拾うのは、それがたとえ1円玉であってもラッキーな兆しです。拾ったら財布にしまい、ほかのお金といっしょに使ってしまわないようにしましょう。そうすれば、どこからか金運が舞いこんでくるでしょう。

片想いの相手がいるなら、その人の写真の裏に拾ったコインを貼りつけ、そっとしまっておきましょう。願いが叶ったら、そのコインは友人にあげると、さらに幸せがもたらされます。

◆黒猫が目の前を横切ったとき◆

黒猫の魔力から身をまもるため、進もうとしている方向と逆の方向に5、6歩ひき返し、もう一度出なおします。

脇にそれるまわり道などがあったら、そちらに曲がって目的地まで行けば完璧です。

◆カラスがうるさく鳴くとき◆

カラスが上空を飛びかいながら鳴きさわぐときは、右手の人差し指をカラスの飛ぶほうと反対の方向の頭上にかざし、力強く線を描きながら、「エヒロイイッサム」と唱えます。

こうすれば、すべての悪因は封じられ、身のまわりで悪いことが起きることもなくなるでしょう。

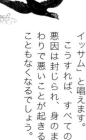

実践法2

対人関係をよくする白魔術

縞めのうの秘呪

嫌いな人・合わない人を遠ざける

目の敵にしてくる上司や同僚、しょっちゅう文句をいいにくる近所の人、おせっかいな親戚などなど、どうにも波長が合わないのに何かと絡んでくる人をなんとかしたい……そんなときはアルベール・ル・グランのアラブの秘法が効きそうです。

*

黒色の縞めのうは、アラビアで発見され、白い縞が入っているものがもっとも上等とされています。

それを首か指につけさせると、相手は悲哀を感じて臆病になります。内省的になり、自分から離れていくか、あるいはあなたへの攻撃をゆるめるでしょう。

とはいえ、ネコの首に鈴をつけにいくようなことはできないので、上司や同僚なら、机の引き出しの隅のほうに気づかれないように入れておくとよいでしょう。

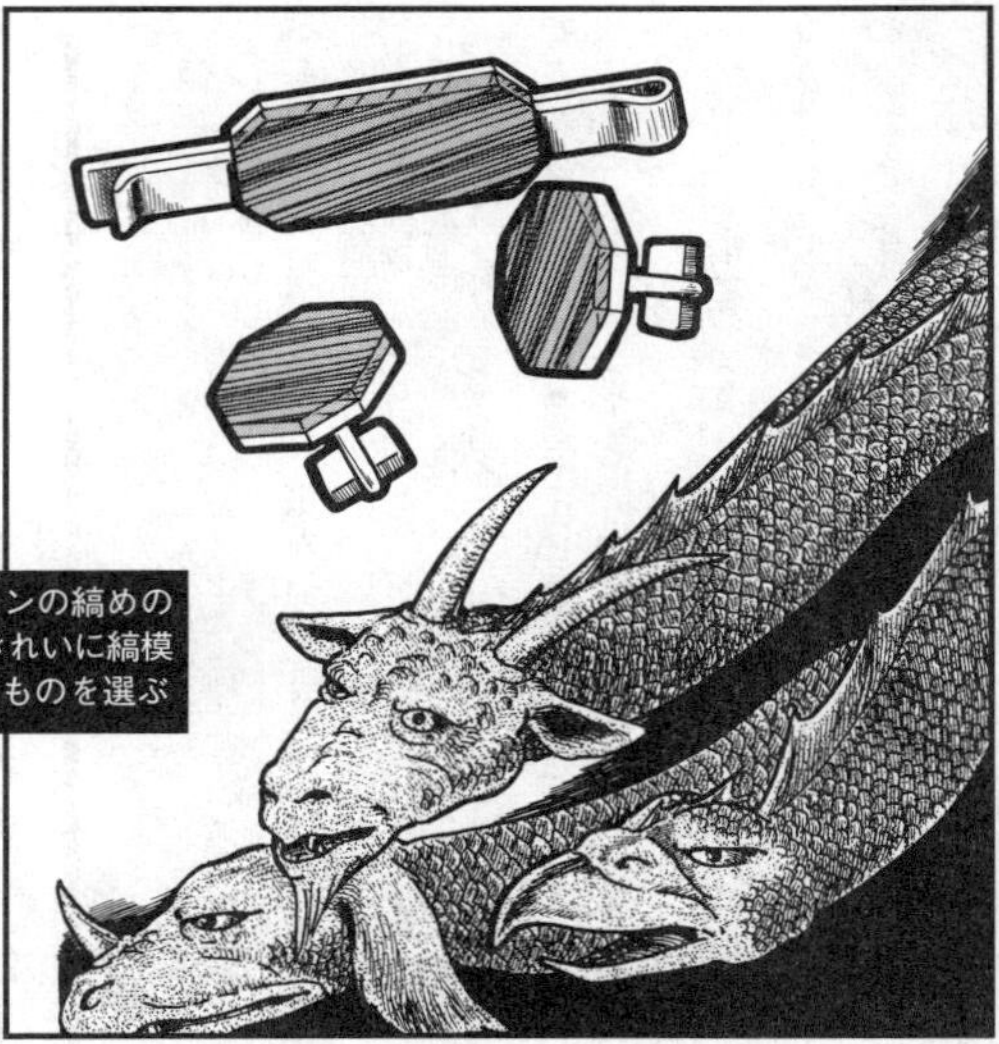

イミテーションの縞めのうの場合は、きれいに縞模様の出ているものを選ぶ

また、タイピンやカフスボタン、ブレスレッドなどにかえてプレゼントする方法もあります。

この魔法は、イヤになった恋人と別れたいときにも使えます。相手に縞めのうの装身具をプレゼントして、身につけさせるとよいでしょう。

本物が高価であるなら、イミテーションでもかまいませんが、その際はきれいに縞模様が出ているものを選びましょう。

バニラの魔法

ヒステリックな人を温和に変える

バニラの甘い香りはお菓子に使われるだけでなく、精神安定剤としての効果もあるといわれています。試みで、ロマンチックな恋を求める媚薬として使われたという事実もあるようです。

もし、あなたの恋人、あるいは友人や同僚、上司などがしばしばヒステリーをおこし、あなたを悩ませているなら、このバニラのリキュールをすすめてみましょう。

＊

オレンジリキュールにバニラをごく小量混ぜ、水で割って飲ませるのです。機会があるかぎり、このお酒をすすめつづけていると、相手はやがて温和な人物に変わってきます。

このとき、チェリーなどのほかの果実を入れることは避けましょう。

オレンジリキュールにバニラをたらし水で割る。チェリーなどほかの果実は入れないこと
バニラ
ORANGE

なぜなら、ほかの果実を入れることによって、このリキュールのもつ魔法の力がまったく変わってしまうからです。

たとえば、相手が自分から離れられなくなるなど、時と場合によっては大変な事態に発展することもあります。

なお、お酒をともにする日は、週の後半のほうがよく、時間は夕方の６時をすぎてからのほうが効果的だといわれています。

ヘリオトロープとオオカミの歯の魔除け

人から妬まれないようにする

アルベール・ル・グランは伯爵家の出身で、1193年にフランスのローウェンで生まれた、中世でもっとも有名な魔術師です。ドミニック派に入って科学を学び、コローニュ、パリなどで神学や哲学も教授したようです。

1651年に出版された彼の秘典には、アラビアおよびユダヤの秘法を応用したものが多くあります。そのなかのひとつを使って、人から絶対に妬まれないように自分をガードしましょう。

ヘリオトロープという植物は、カルディアでもギリシャでも「太陽のほうを向くもの」という意味をもっています。この草を摘むのは8月が適していますが、8月以外でもかまいません。

ヘリオトロープを摘んだら、オオカミの歯とともに月桂樹の葉に包んでもてば、

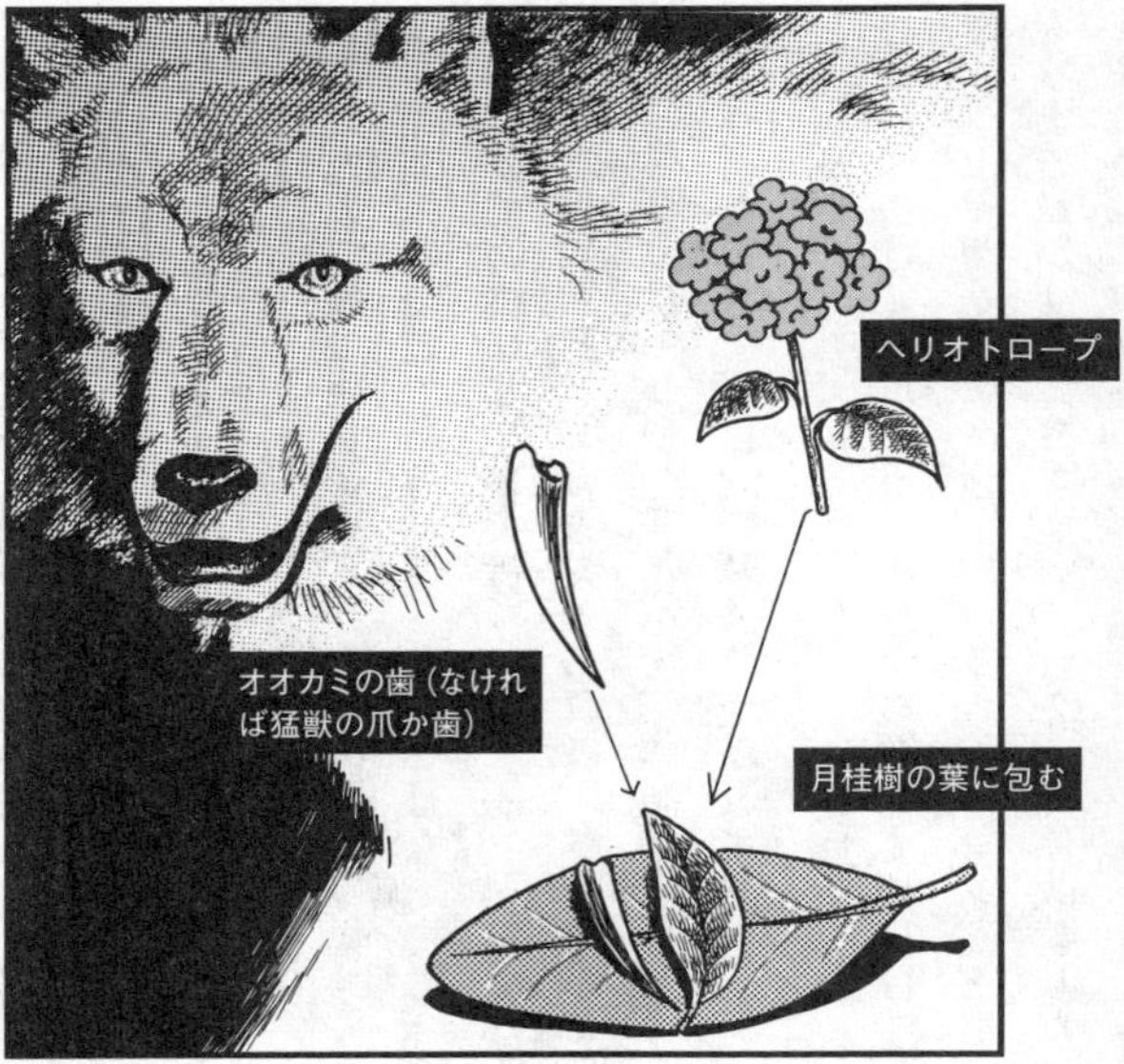

多くの人を従えることができ、しかも、人から絶対に妬み嫉《そね》みをうけることがなくなります。

しかし、現代はオオカミの歯を手に入れるなど不可能。そこで、この部分は猛獣の爪か歯などに代えてかまいません。それなら、デパートの東南アジア物産展などで手に入れることができます。

月桂樹の葉は、調理用のローリエで代用してもよいでしょう。

アンゼリカの秘酒

人間関係を円滑にする

人と人との間で生きているから「人間」。

人間関係は円満であるにこしたことはないでしょう。まったく問題がないのなら、とくにすすめるまじないではないですが、どことなくしっくりこない人間関係のはざまで陰々滅々としているのであれば、試してみるとよいでしょう。

アンゼリカはセリ科の多年草で、語源はエンジェル。悪霊や呪術から身を守る力もあり、さまざまな目的の魔法で使われます。

＊

この魔法は、新月の日（満月から数えて14日目）の夜から行ないます。

アンゼリカをごく少量、バニラ、シナモンとともに強いお酒に加え、満月の夜がくるまでねかせておきます。これを、関係改善したい相手に飲ませたり、ツキのな

シナモン
バニラ
アンゼリカ
新月の晩につくり、満月が来るまでねかせておく

いときに自分で飲むようにします。

　これで驚くほどなにもかもがうまくいきはじめ、自分に自信がついてくることでしょう。

　宴会のときなどは、アンゼリカをウイスキーや焼酎などに少し入れ、みんなに振る舞うと、和気あいあいとした楽しい人間関係の輪が広がります。

　このとき、くれぐれも入れている現場を目撃されないように注意してください。

アブラカダブラ
相手の怒りをやわらげる

誰でも一度は耳にしたことがある呪文「アブラカダブラ（ABRACADABRA）」を使った魔法です。もとは災いや病気を払う呪文であり、医師が呪文を唱えながら羊皮紙に逆三角形に書いていったといいます。起源はヘブライ語とも古代エジプト語ともいわれていますが、定かではありません。

最後は必ず「A」で終わらなければ意味がなくなりますので注意しましょう。

相手の怒りをやわらげたいときには、この呪文文字を使います。

*

まず、怒らせてしまった相手の名前を白い紙に大きく書きます。

次に、名前の上からかぶせるようにして、「ABRACADABRA」と逆三角形に書きこんでいきます。相手の名前はすべて、このアルファベットの逆三角形のなかに

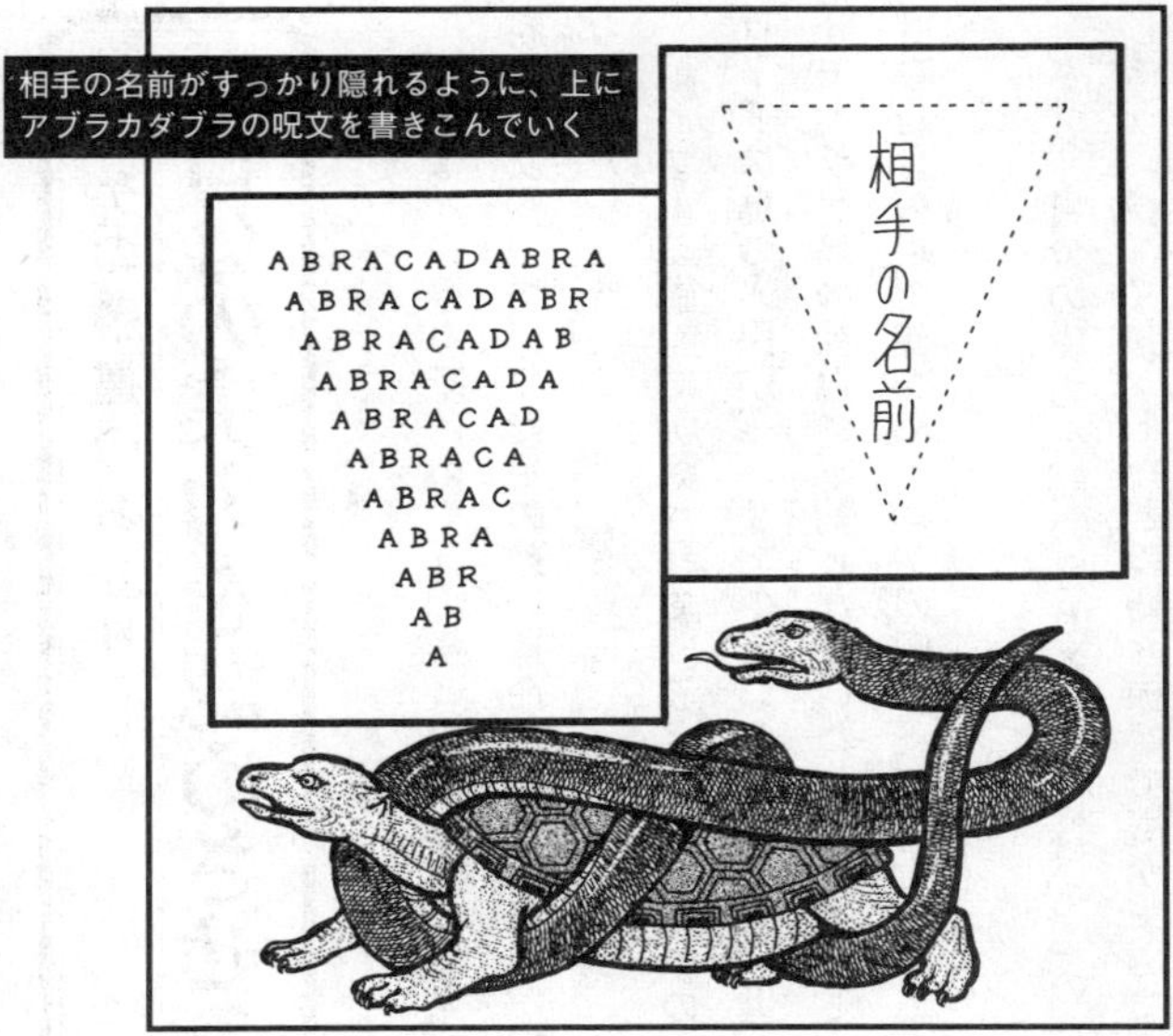
相手の名前がすっかり隠れるように、上にアブラカダブラの呪文を書きこんでいく
ABRACADABRA
ABRACADABR
ABRACADAB
ABRACADA
ABRACAD
ABRACA
ABRAC
ABRA
ABR
AB
A
相手の名前

おさまるようにし、少しでもとびだしてはいけません。

書き終わったら丸めて筒のようにし、毎晩枕もとにおいて眠るようにします。しばらくすると相手の怒りは緩和してくるはず。そうなれば、いつまでももっていなくてよいので、土曜日の朝に、５回に分けて紙を破り処分してしまいましょう。

この方法で処分したなら、そのままゴミ箱直行でさしつかえありません。

ニケの勝運のお守り

自分の実力を認めさせる

ニケは、戦場を駆けめぐり、勝者を選んで、栄光とその後の戦いの勝運を与えた勝利の女神です。また足の速い運命の使者であり、翼をつけた神々の伝令役でもありました。

ルーブル美術館に所蔵されている「サモトラケのニケ」は、紀元前2世紀ごろ、ロードス島の人民が、シリアのアンティオコス3世と戦って勝ち星をあげた記念に、サモトラケ島の神殿に奉納したといわれるダイナミックな彫像です。機会があればぜひ自分の目で確かめ、ニケの像のパワーを感じてもらいたいものです。

＊

さて、自分の実力を認めさせるためには、このニケ像の写真を1枚手に入れましょう。パンフレットなどの切り抜きでもかまいません。

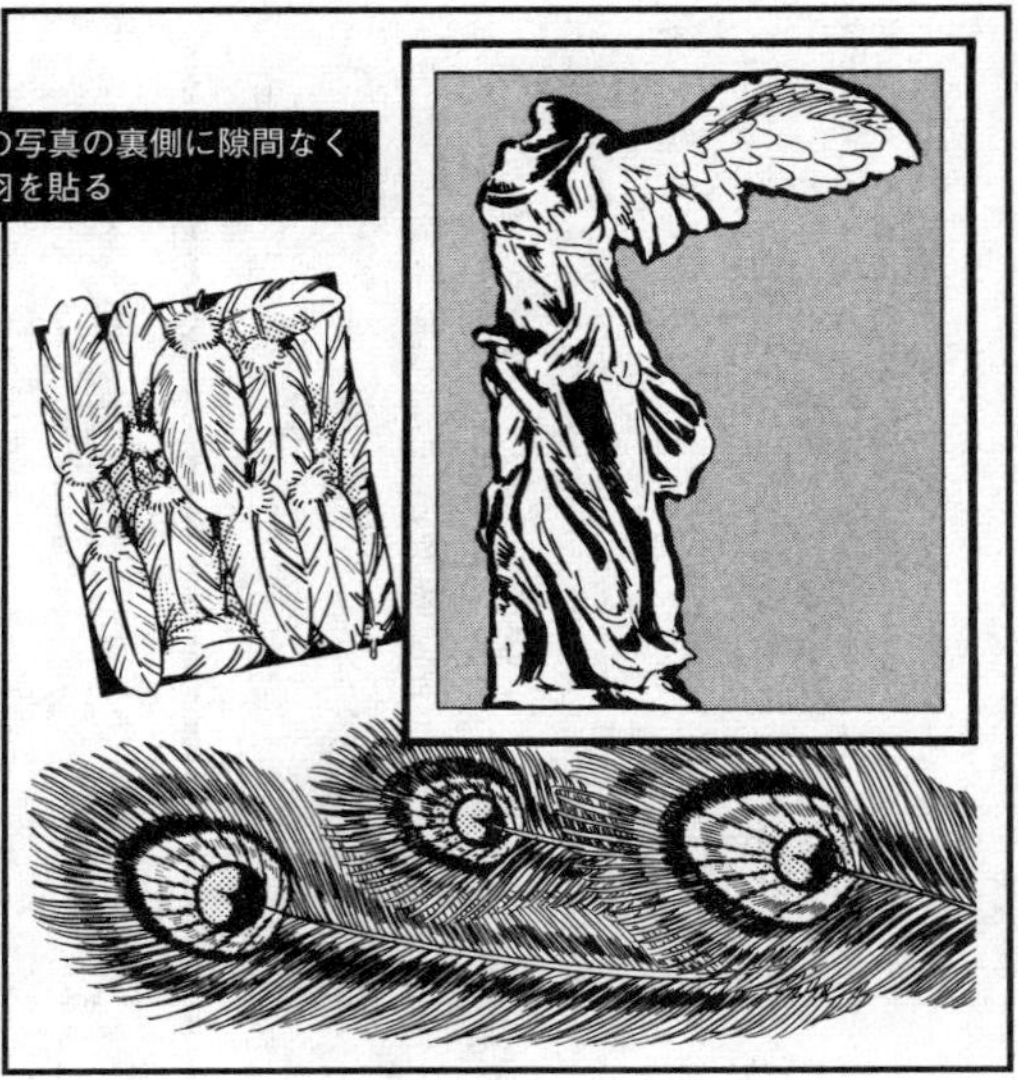

そして写真の裏に、隙間なく鳥の羽を貼ります。

これを、手帳やいつも使っているノートなどにはさんで、常に携えておきます。そして、ときどき写真にふれ、「来たれ勝利！」とニケの加護を祈ります。

ニケの加護は、いつも心から欲する者に与えられます。信じて疑わない者であれば、誰でもニケからの加護を受ける資格があるのです。

ヒイラギの魔封じ

いじめる相手から身を守る

ヒイラギの鋭いギザギザの葉には悪魔や悪霊を追い払う強い力があると信じられ、その言い伝えが、今日でも風習となって残っています。

クリスマスが近づくと、玄関ドアにヒイラギのリースなどが飾ってあるのを見かけますが、これは入口から悪い霊が入ってこないようにという悪霊封じの信仰があるからです。

子供の枕の下にヒイラギの葉を入れたり、持ち歩かせたりすると、いじわるをされないといういい伝えがある国もあります。また、17世紀の植物学者ニコラスは、ヒイラギの実を食べることを奨励しています。

＊

いじめる相手から身を守るには、このヒイラギの葉を9枚重ねて根本を赤い糸で

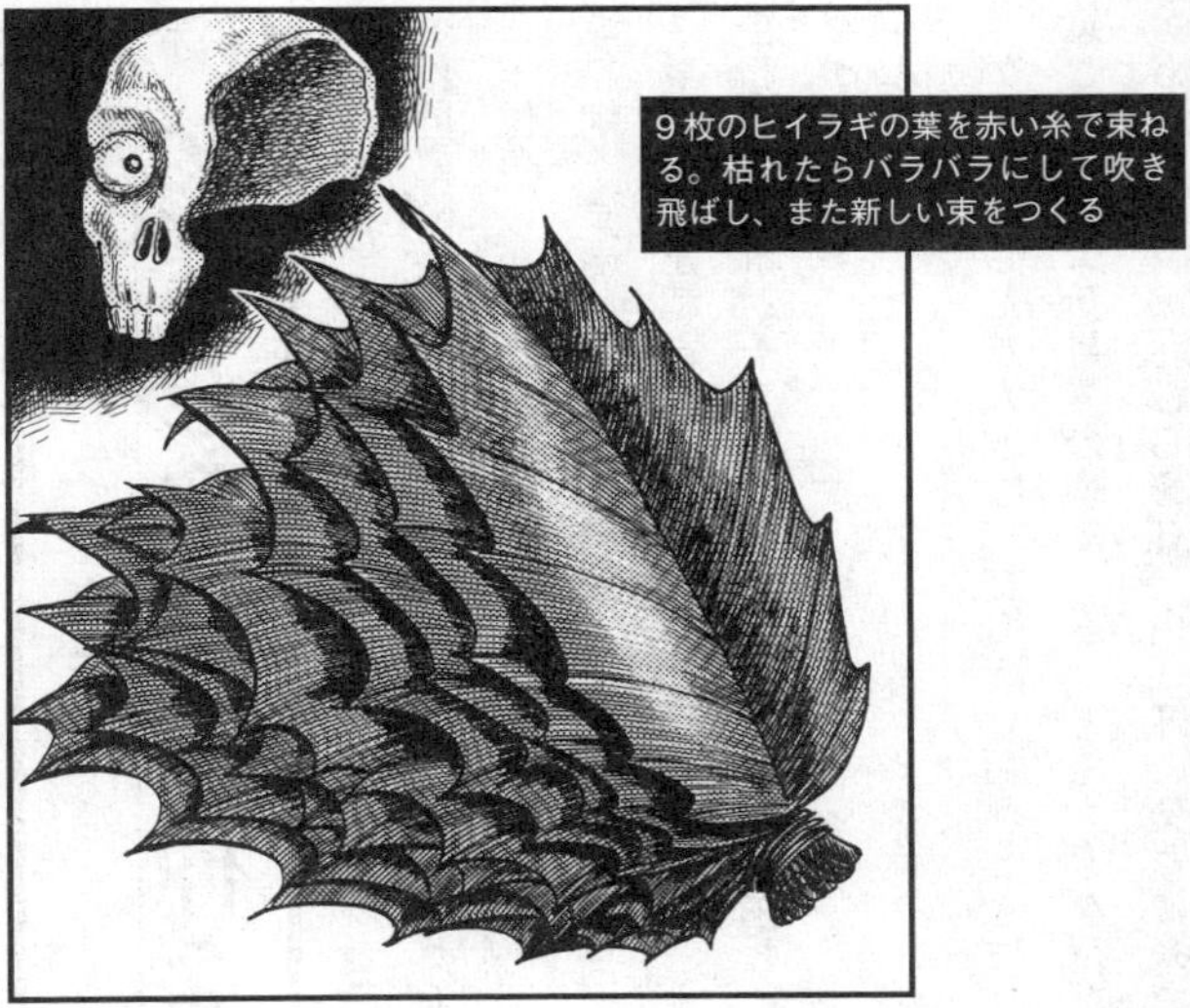
9枚のヒイラギの葉を赤い糸で束ねる。枯れたらバラバラにして吹き飛ばし、また新しい束をつくる

束ね、いつも持ち歩くようにするとよいでしょう。

葉が枯れて茶色になったら手のなかでもみこんで細かくし、いじめる相手が住んでいる方向にむけて吹き飛ばします。吹き飛ばす時間は、夕方の６時ちょうどにします。

そして、また新しい９枚の束をつくります。

これをくり返しているうち、いつしか相手はなりを潜めるでしょう。

紅バラ白バラの魔法

ケンカした友人と仲なおりする

15世紀後半、紅バラを紋章としたランカスター家と白バラのヨーク家とのあいだに王位争いがおこり、実に30年間も続きました。いわゆるバラ戦争です。

結局、ランカスター家のヘンリー7世がヨーク家のエリザベスを妻に迎え、チューダー王朝をおこして争いは鎮静したのですが、このときに紅白のバラを組み合わせた紋章がチューダー・ローズで、現在もイギリス王室の紋章であり、国花となっています。

＊

ケンカをした友人との交友復活を願うときには、紅バラを1本、白バラを1本用意し、闇夜（新月）の晩に、もっとも大きな花びらをそれぞれ3枚ずつとります。

6枚のバラの花びらを紅、白、紅と交互に糸で輪につないで、カラカラに乾燥するまで部屋の北側にぶらさげておきます。

完全に乾燥したら、満月の晩に、輪をはずして燃やします。

しばらくするうちに、友人とのあいだにまた友好ムードが高まってくるでしょう。

なお、花びらをとる際にバラのトゲが手にささったときは、友人とのケンカの原因に第三者の中傷があったことを暗示しているといわれています。

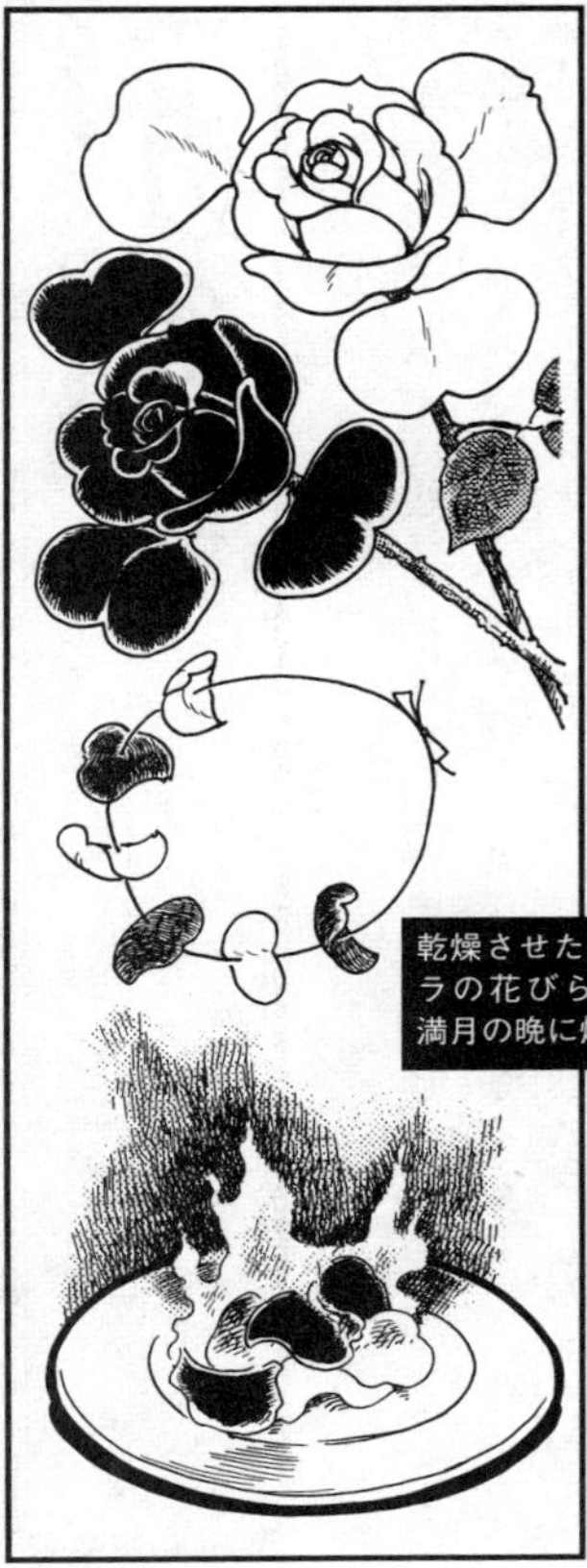
乾燥させた紅白のバラの花びらの輪は、満月の晩に燃やす

ウラヌスの秘呪

一生の友を得る

友愛の星として多くの人に親しまれている天王星と、ギリシャ神話でさまざまな神々の始祖となった天の神「ウラヌス」の力を借りた魔法です。

この魔法は、一年に一度、天王星が発見された日である3月13日でないと効力を発揮しません。不合理かもしれませんが、たとえ1年待つとしても一生の友を得ることができるのであれば、あながち捨てたものではないといえるでしょう。

＊

やり方は簡単です。

まず、あなたの友人の名を12人、紙に書きます。

13人目には、あなたが新しく友人にしたいと思っている人の名前を書き、最後に天王星のマークを書きます（左ページの図参照）。

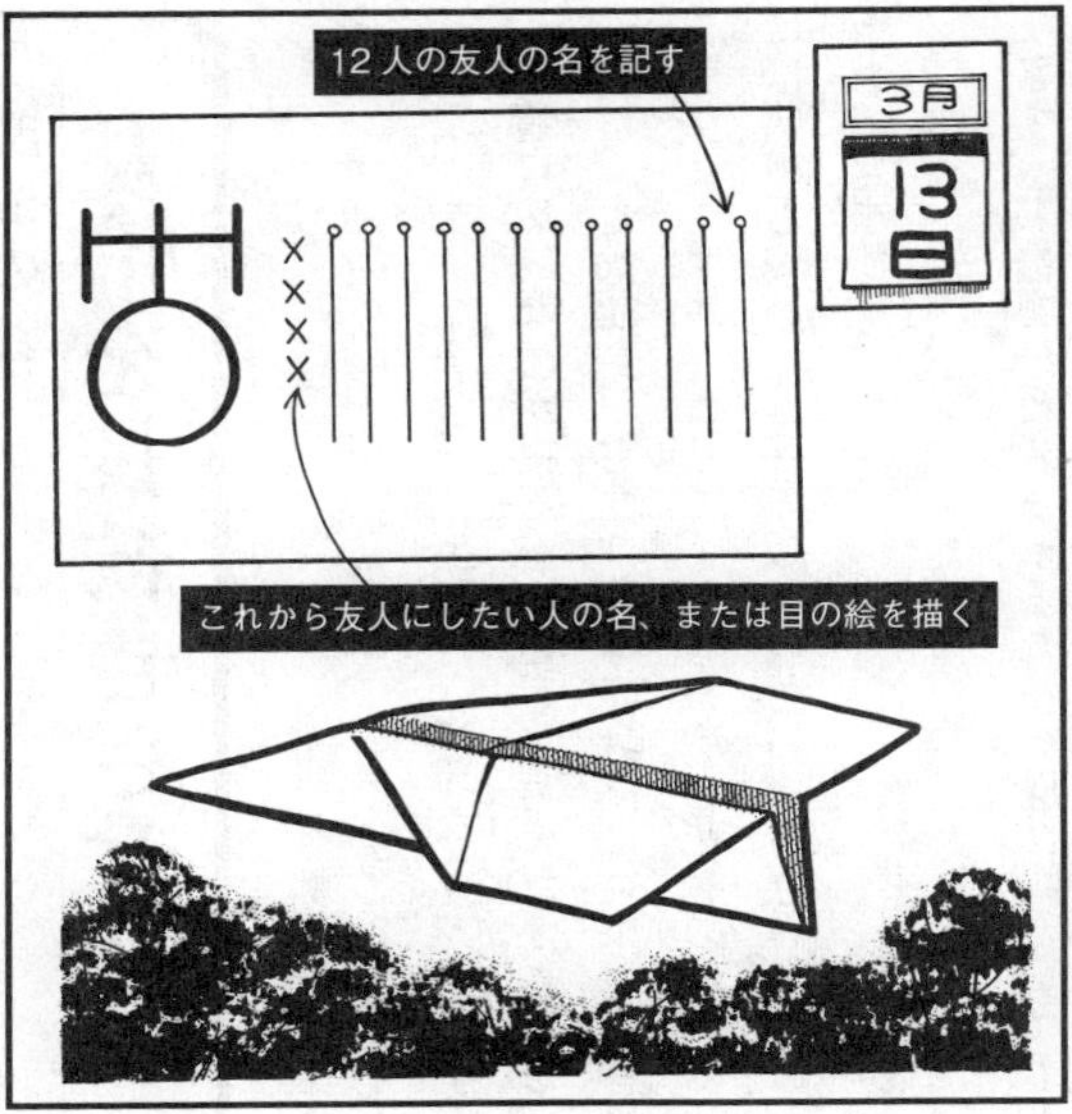

そして、その紙で飛行機を折って高いところから自然のなかへ飛ばすか、あるいは川に流します。

まだ見ぬ新しい友人との出会いを願うなら、13人目は空白とし、そのかわりに「目」の絵を描きこんでおきます。

古来より、目には不思議な霊力があるとされました。古代エジプトでは、太陽神ホルスの目をかたどった護符がさかんに用いられたといいます。

魔法の輪

友情を長続きさせる

エジプトの象形文字が示しているように、古代人たちは、永久とか永遠の絆を「円」で表現しました。指輪を「永遠なるもの」の象徴として使ったのも、そのような超自然的な力が宿るものとして考えたからでしょう。

また、古代社会、男性は花嫁の身体にロープを巻きつけ、これを「魔法の輪＝マジックサークル」として、自分の魂を花嫁の身体に宿したことを証明しました。円には始めも終わりも存在しないため、お互いの想いが永遠に持続すると解釈することもできます。

＊

さて、友情を長続きさせるための魔法について説明しましょう。

まず、相手がいつも使っているハンカチを1枚もらいます。

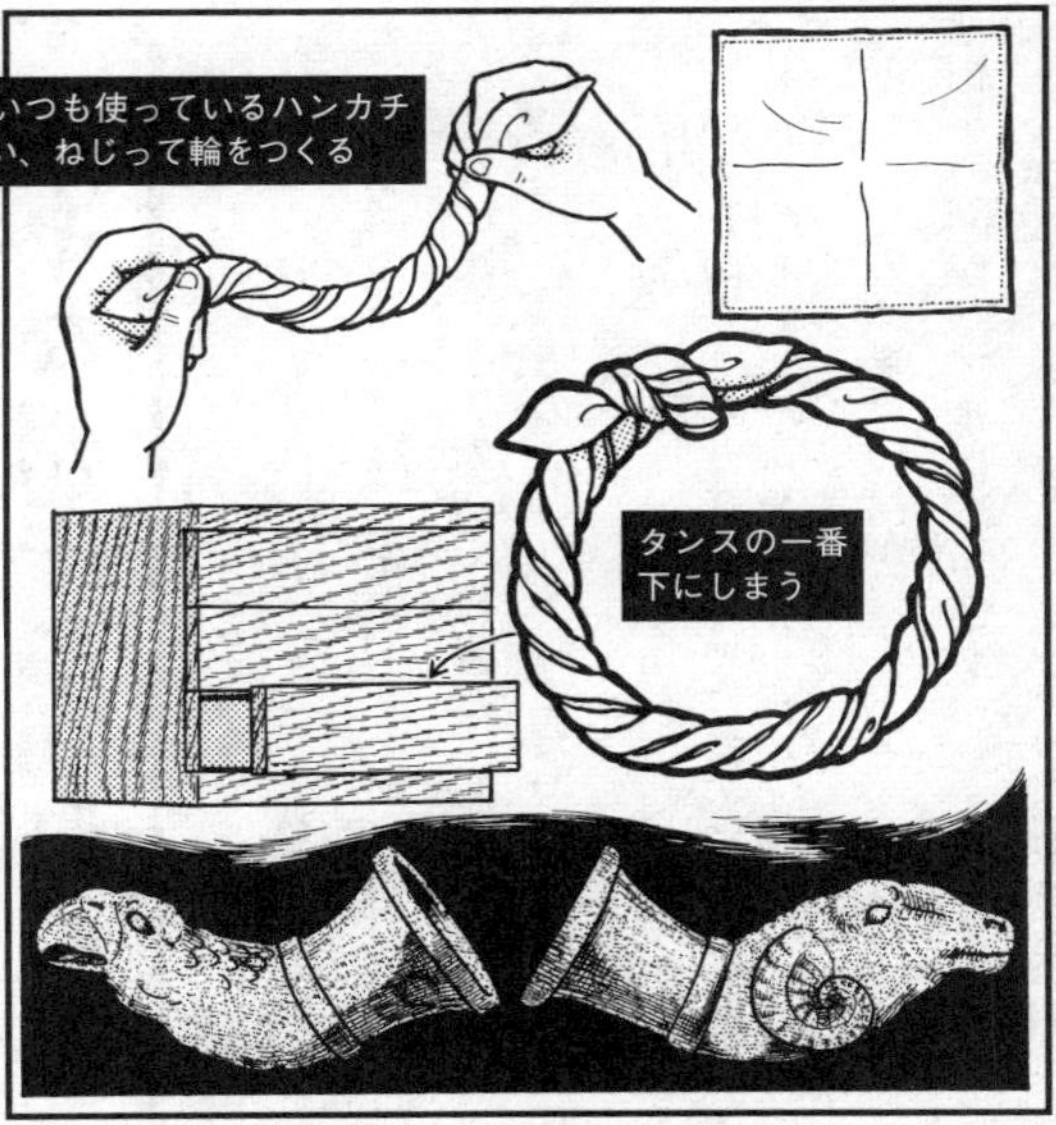
相手がいつも使っているハンカチ
をもらい、ねじって輪をつくる

それをクルクルとねじって1本のひものようにし、両端を結んで輪をつくります。これを、あなたの衣類が入っているタンスの一番下に大切にしまっておきます。

そして相手にも自分のハンカチを渡して、同じことをしてもらいます。これで、あなたたちの友情は永遠に続くことでしょう。

なお、この魔法については、相手に目的を告げてしまってかまいません。

破鏡の術

イヤな相手と別れる

別れたいイヤな相手とは、なにも恋人ばかりではありません。

日常生活のなかで思い浮かぶ、イヤなやつのあの顔この顔……。そんなにたくさんいたのでは、この魔法でもカバーしきれるものではありませんが、どうしても別れたい相手がいるのであれば、この中国の仙術を試してみるとよいでしょう。

＊

夜中の12時ぴったりに行ないたいので、その前に沐浴し、心を鎮めておきます。

12時になったところで、洗面器にきれいな水を張り、それを前に置いて正座し、イヤな相手の顔を思い浮かべます。

相手の顔がリアルに浮かびあがってきたらパッと目を開いて、洗面器の水鏡をジッと見つめます。そこに相手の顔が残像として少しでも残っていたら、「エ

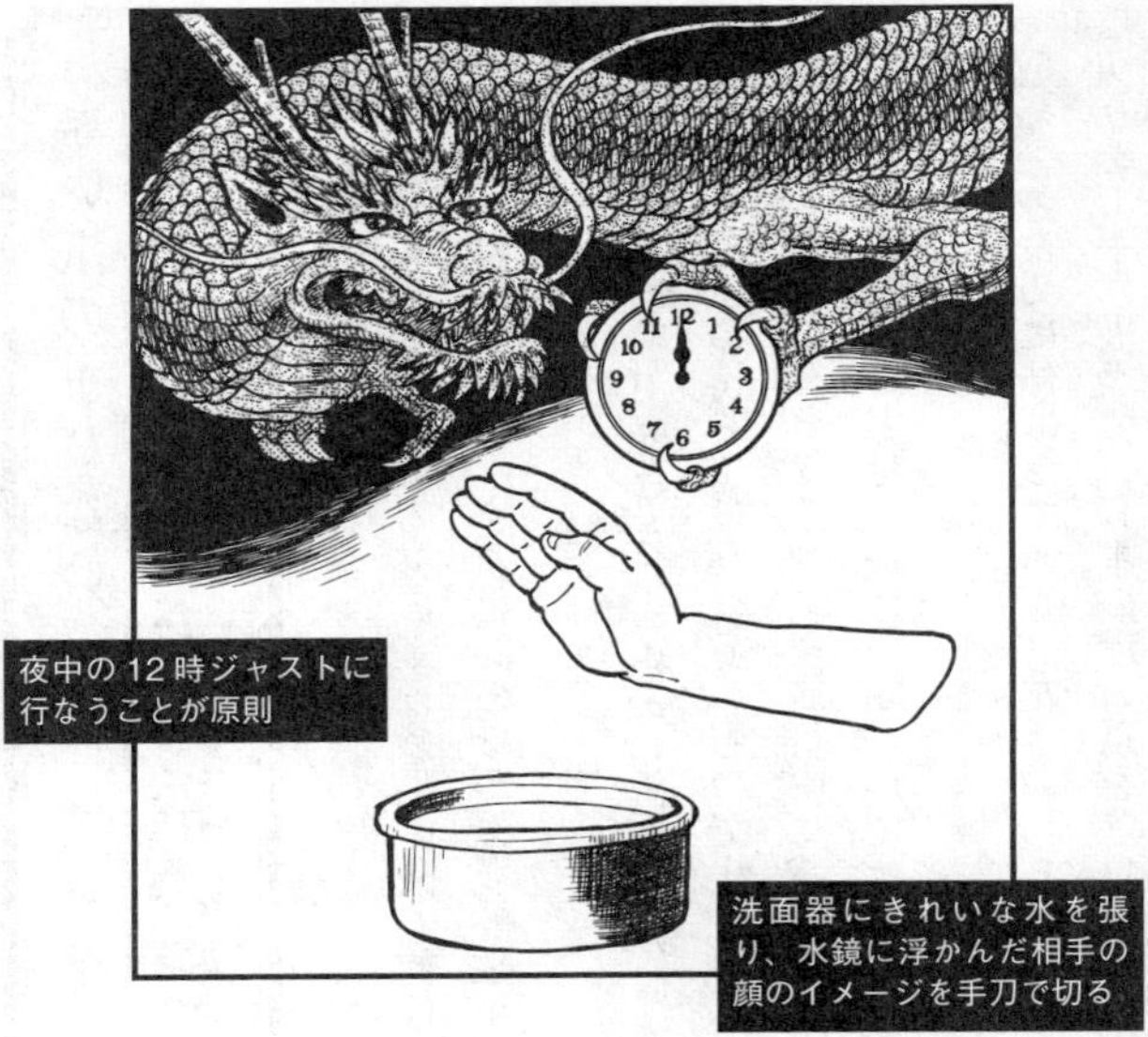
夜中の12時ジャストに
行なうことが原則
洗面器にきれいな水を張り、水鏡に浮かんだ相手の顔のイメージを手刀で切る

イッ！」とかけ声をかけて、水鏡を手刀で切ります。

これを７日間続けると、あなたの目から相手を遠ざける光が出て、しだいに縁がうすれていくのです。

水鏡に使ったあとの水は、相手の家の方角に向かって流してしまいましょう。

その方向に流すことがかなわなければ、手のひらを水につけ、紙に手形をおしてからその方向の土のなかに捨てます。紙はその後捨ててしまってかまいません。

赤い爪のまじない

いやらしい相手の誘いをうまくかわす

中世の魔女たちが鋭い刃物のように爪を長く伸ばしていたのは、その存在をより恐るべきものとして誇示する目的のほかに、外敵から自分の身を守るという意味もあったのでしょう。

さて、仕事の取引先などにいやらしい相手がいて、妙な目つきで誘われて困る……こんな悩みの持ち主は案外多いものです。そんな相手の誘いをうまくかわす方法を紹介しましょう。フランスを旅行中にパリジェンヌに教わった方法ですが、残念ながら伝説的なことはいっさい明らかではありません。

＊

爪を少し長めに伸ばしておき、左手の指5本に真っ赤なマニキュアを塗ります。爪切りを上手に扱って、5本の赤い爪を三日月形に切ります。これを白い紙に包んで身につけていると、イヤな相手から身を守ることができるというものです。

この話を聞いたとき、まっ先に頭に浮かんだのは、中世の魔女たちの長く鋭く伸ばした爪でした。

この方法を用いるときは「誘いをうまくかわせればそれでＯＫ」くらいに考えてください。魔女が本気になって力を発揮すれば、相手を追いこみ、葬る力をもってしまうのですから。

左手の爪に真っ赤なマニキュアをする
NAIL ENAMEL
三日月形に切る

聖なる右手の魔法

嫁姑のトラブルをなくす

「右側には善が宿り、左側には悪が宿る」といいます。とくにローマ人は、「人体の右側には神が住んでいる」と固く信じていました。右足から歩き始める、右足から靴を履く、右手から服にそでを通すと徹底することで、神の祝福をうけ、神に満たされると純粋に考えていたようです。英語の「right（右）」が「正しい」という意味をもつのも、右側信仰に基づいているのではないでしょうか。

東洋思想でも、右側は陽を表わし正、左側は陰を表わし負、と区別されています。そういえば茶道の作法でも、水屋から茶席に入る第1歩目は右足であったように記憶しています。

次に記す嫁姑トラブル解消の魔法も、そんな右側信仰に基づくもののひとつです。

＊

相手の名前
部屋の南を背にして右
手のほうに人形を祀る

家のなかで南を背にして立ちます。このとき、自分の右手側が雑然としているならきれいに片づけ、陽あたりをよくして、観葉植物など生きているものを置きます。そこに、姑の姓名を書いた人形を置きます。

同居の場合はそうもいかないので、毎月１日の朝、姑の歳と同じだけの米粒を南から見て東側の窓から鳥に投げ与えます。このとき、姑に姿を見られないように注意します。

トゲの霊呪

未知の敵から身を守る

スコットランドとデンマークが矛を交えたときのこと。

スコットランドの戦況が不利になり、城郭の近くまで敵兵が忍び寄りましたが、敵兵はアザミのトゲで足を刺して思わず声をあげたため、見つかって捕らえられました。捕らえた兵士を尋問し、敵の拠点をつきとめたスコットランドは、逆襲して大勝利をおさめました。

これは、のちに「救国の花」としてスコットランドの国花になったアザミにまつわる物語です。トゲにはなにか不思議な霊力があるのかもしれません。

未知の敵から身を守りたい、あるいは未知の敵を見つけようと思うのなら、あなたもトゲを使うと効果的です。

＊

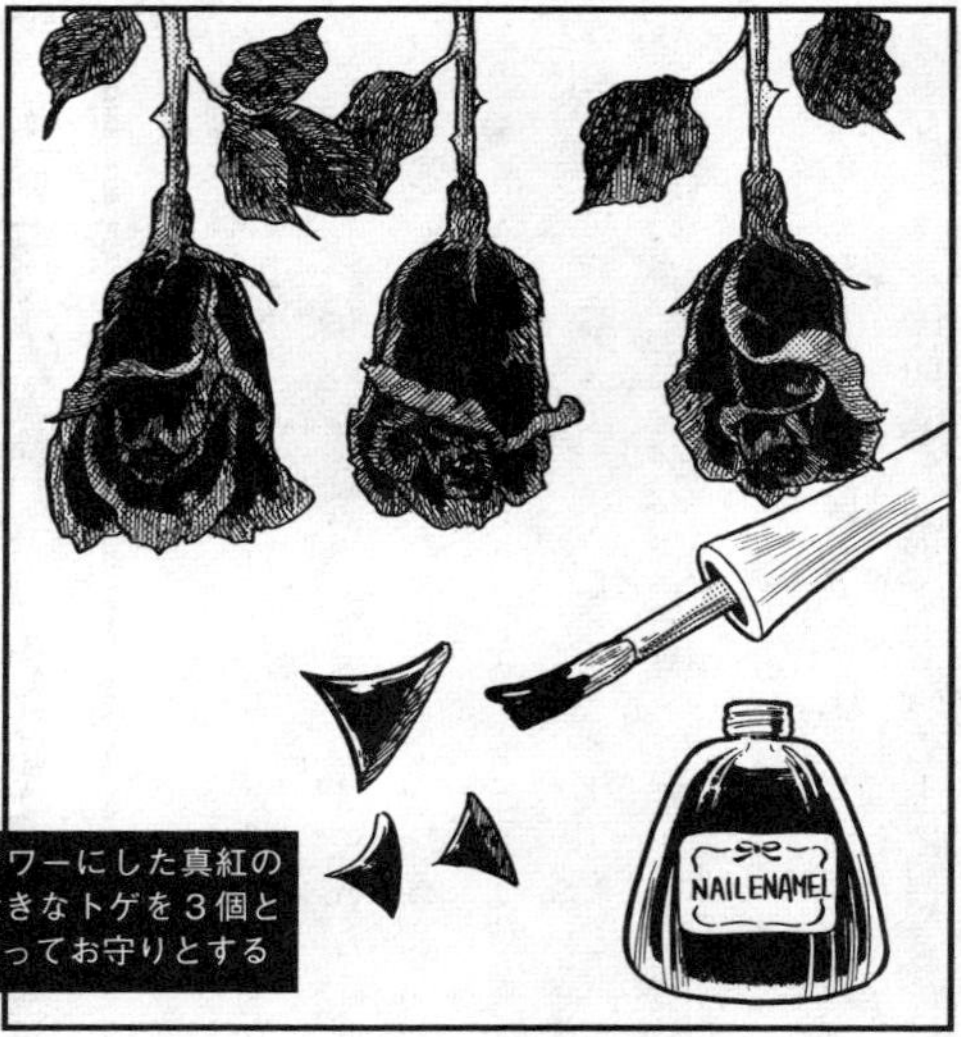

ドライフラワーにした真紅のバラから大きなトゲを３個とり、赤く塗ってお守りとする

真紅のバラを３本ドライフラワーにします。完全に乾いたら、３本のうちもっとも大きくて丈夫そうなトゲを３個だけとります。

このトゲを赤い色で塗り、つねに身につけておくようにします。あなたが女性なら、赤いマニキュアで色をつけるのもよいでしょう。

もし現在、出所のわからない悪意ある噂に悩まされているのであれば、新月の夜にこの３つのトゲを家の南側に埋めておきます。

砂のノート

苦手な相手ともうまくやっていく

誰にだって得手不得手はあります。気の合う人も苦手な人もいるでしょう。それはしかたのないことかもしれません。でも、不得手なことができるようになる、あるいは苦手な相手ともうまくやれるようになる方法はいろいろあるものです。

昔、ボヘミアにいたウラジミールという魔術師は、図形学（今日の幾何のような学問）ができなくて、いつまでたっても魔法陣が満足に描けませんでした。

そこで彼は、モルダヴ河の河原におりて、河原の砂の上に図形学の式を書きました。

ようやくひとつが解けたかと思うと、河の波が砂に書いた式を流してしまいます。ウラジミールは何度も図形学を砂の上に書き続け、ついに神聖ローマ帝国随一の魔法陣作りといわれるようにまでなったのです。

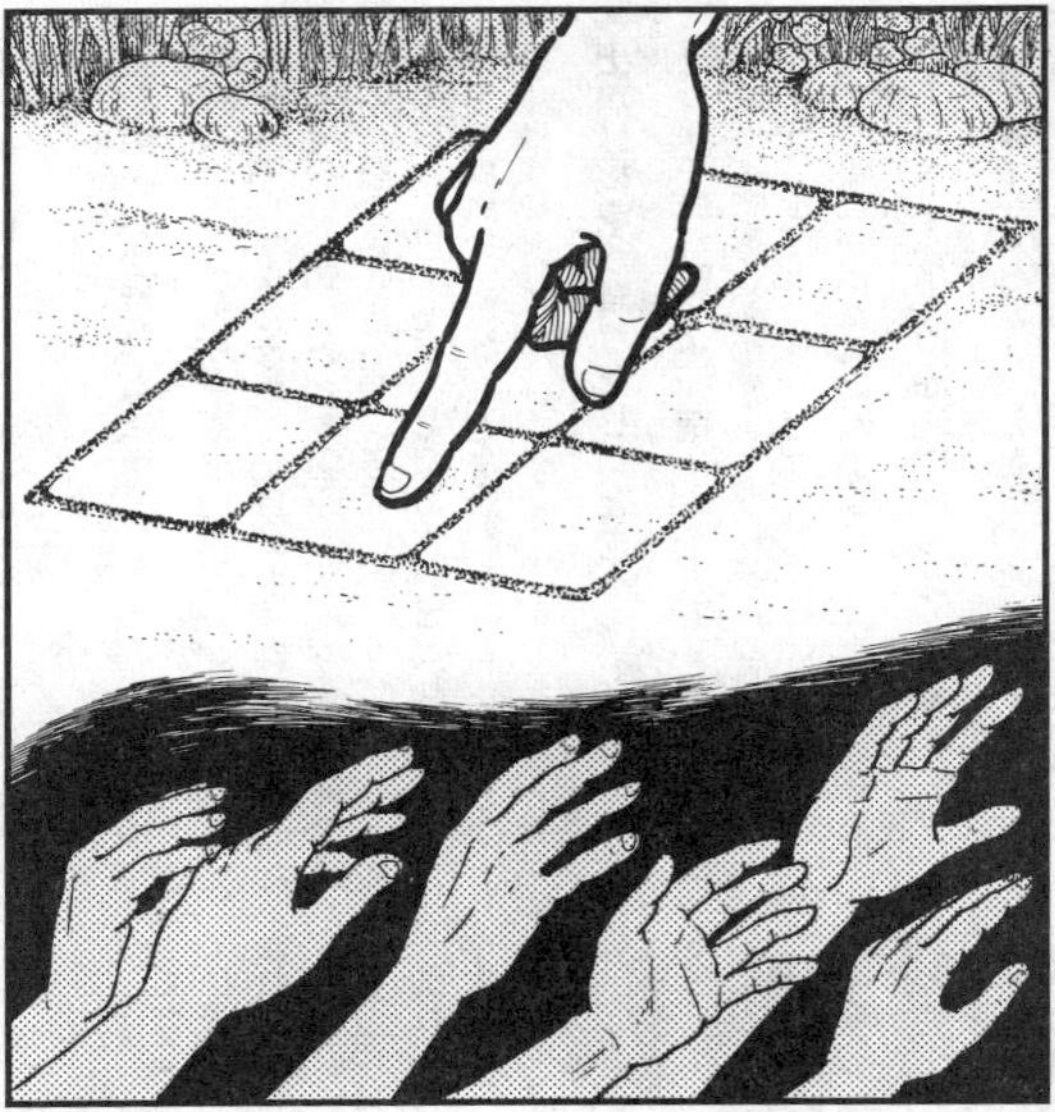

目標を完遂するにはさまざまなリスクがつきまといますが、「それを越えよ」と砂のノートは語っています。

これは、呪文や魔法のロジックを使って目標を完遂するというものではありません。魔術師でさえも、このように研鑽努力を積み重ねているというエピソードのひとつです。

魔法と並行して、「努力する」という気持ちも掘りおこしていただければと思います。

すぐにできるおまじない――②

◆霊柩車を見かけたとき◆

道を歩いていて霊柩車に出合ったら、小指（右手でも左手でもかまわない）を自分の年齢と同じ数だけ噛んでから、願いごとを唱えます。ツキがめぐってきて、願いは叶うでしょう。

その日は1日、たいへん運の強い日となります。スポーツの試合、試験などで勝利をおさめることができるはずです。

◆出がけに雨が降りだしたとき◆

せっかくの情熱の火が雨によって消されてしまわないように、赤いものをどこかに身につけるとよいでしょう。ルビー、サンゴなどの宝石、赤い髪かざりなど。それが雨に濡れないように気をつけます。

◆ガード下で電車の通過にあったとき◆

ガード下を通りかかったとき、たまたま上を電車が通過することがあります。そんなときは、大きな声で願いごとをすると、近いうちに叶えられるでしょう。

ただし、願いごとの途中で電車が通りすぎて行ってしまったり、ほかの人にその声を聞かれてしまったりすると、効果は消えてしまいます。

◆鏡が割れたとき◆

割れた鏡に日の光をあてたり、自分の姿を映したりすると、いままでの努力が水のアワとなってしまいます。

もし鏡が割れるようなことがあったら、そんな悪い魔力の影響を受けないよう、なるべく早く黒い布か紙にしっかり包んで、ゴミ箱に捨てましょう。

実践法3

願いごとを叶える白魔術

竜神退治の護符

不運・アクシデントから身を守る

アフリカの先住民の多くは、「病気や悪いできごとは魔物が運んでくる」と考えます。そこではこの魔法が伝承され、現在でもこれに似たかたちで厄払いが行なわれているといいます。

＊

なるべく静かな夜を選び、ひとりで部屋にこもって護符をつくるところからこの魔法は始まります。

縦20センチ、横10センチの赤い革または紙に、黒マジックで、軍神が災いのもとである竜神を退治している絵を描きます（左ページ参照）。護符をつくっているあいだは、口をきいてはいけません。

描けたら図のように折り、肌身離さずもっています。アクシデントに遭遇したら、この護符をとり出し、心臓の上にあてながら、無事その場を切りぬけられるようにと一心に祈ります。

護符をもちはじめてしばらくは不思議なことが続くかもしれません。たとえば、すでに冥府宮に旅立った人にそっくりの人を見かけるとか、初めて会った人なのに妙に懐かしさを覚えるとか……。

これらは悪いことの予兆ではないので、心配しなくても大丈夫です。

赤い革または紙に、黒マジックで軍神が竜神を退治している図を描く
20cm
10cm
絵を内側にして四隅を折る
さらに２つに折る

サイコロの勝呪

スポーツの試合で勝利する

名の知れたスポーツチームや選手は、ひじょうにジンクスを気にします。たとえば、競技場でボタンを拾った選手は大活躍をする、試合前に黒猫を見ると大勝利をおさめる……など。

しかし、これらは偶然をあてにしたジンクス。ここでは、自分でできる勝利のおまじないを紹介しましょう。

＊

まず、すべてのスポーツにいえるのは、「赤」という色を上手に使うこと。赤は生命の色、勝利の色とされているので、どこかに身につけておきます。

そして、試合の日の朝は、精神が高揚する音楽を選んで聴くこと。

またサッカー選手なら、左足からサッカースパイクを履くこと。ゴールポストに

小さな袋にダイスを３つ入れて、身につけておく。追いこまれたときにダイスにふれると勝利の女神が味方してくれる

触れてから試合に臨む、というものもあります。

そしてきわめつけ。ダイスを3つ用意して小さな袋に入れ、ユニフォームのポケットに忍ばせたり、首からぶら下げたりと、どこかに身につけておくというもの。

いよいよ追いこまれてきたときに、そっとこのダイスにさわり、ふたたび試合に挑むと、逆転のチャンスがやってきます。

ポモーナの願呪

コンクールで勝利する

10月31日に盛大に行なわれるハロウィン。もとは古代ケルト民族のドルイド教の僧侶たちの行事に、ローマの女神ポモーナの祭りが合体されたものでした。

ケルト民族の暦では11月1日が新年の元日にあたります。その前夜にその年の死者が戻ってきて、未来についての宣告をするとされていました。

また、ハロウィンの日に鏡の前に立ってリンゴを食べると、将来結婚する人の顔が映るともいわれました。リンゴは古代より不老不死の人が食べる聖なる果実と信じられ、お守りとされていました。リンゴを使った占いや魔法は数多く伝承されています。

いまでも残っているものに、ボウルに大量の水を張って数個のリンゴを入れ、首をつっこんでリンゴを取るというものがあります。取ったリンゴが大きければ大き

水を張ったボウルにリンゴを浮かべる
切れないように皮をむき、中身は食べて皮でアップルティーをつくる

いほど、大きな幸運に恵まれるといいます。

＊

コンクールの前日、大きなボウルに水を張り、赤くて大きなリンゴを浮かべておきましょう。

当日はいくぶん早めに起き、皮が途中で切れないように注意してリンゴを丸くむいて食べます。

皮でアップルティーをつくって飲んだら、女神ポモーナに勝利を祈り、心を落ちつかせて出かけましょう。

ルビアタンの願呪

ギャンブルで勝利する

賭けごとの勝利の神は気まぐれなので、すべてのツキを一挙に奪っていくこともまれではありません。そうなってはかなわないので、この魔法をそっとお教えしておきましょう。しかし、遊び心からの賭けごとは、あなたがプロでないかぎり大敗もありえることは肝に銘じておいてください。とくにこの魔法を乱用すると……。

ルビアタンという魔物は、悪魔の将軍のひとりでおそろしいパワーをもっていますが、満月の夜だけはおとなしくしているといいます。

ルビアタンは強いものが好きで、とくにワシやライオンを好んでいます。ワシやライオンは外国のコインの絵柄に多いのでこれを利用してみましょう。

＊

石鹸と水、そして最後にオイルで、コインをピカピカに磨きあげておきます。

満月の夜、絵柄を上にして置いたコインの上で、赤いロウソクを灯します。そして「勇ましき暗闇の将軍ルビアタンよ、ソロモン王の名において、我が願いを叶えたまえ」と唱えます。ろうそくが残り1センチになったところで、火を消します。

この赤いロウがついたコインを賭けごとのときにもっていると、ツキが巡ってくるといいます。

ワシやライオンの絵柄のコインを、石鹸と水、オイルで磨きあげる
満月の晩、コインの上で赤いロウソクを灯し残り１センチのところでふき消す。ロウがついたコインをギャンブルのときにもっていく

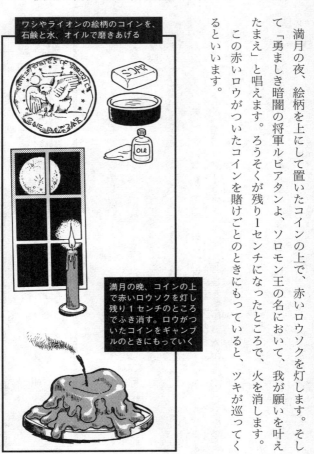

成功のタリスマン

新しい企画を成功させる

企画を相手に認めさせて成功したい……というあなたに、タリスマン（護符）を紹介しましょう。タリスマンは、『黒魔術の本（Book of Black Magic）』という古書から拾ったものですが、内容はもちろん白魔術です。

タリスマンは、金もしくは銀でつくるのが一般的です。オイルや香で1週間、聖別（お清めすること）を行ない、その後身につけると効果は完全なものになります。

この「目標への到達」のタリスマンは、新しいことや仕事関係一般に効力を発揮します。

＊

まず金属版、あるいはなめし皮、布などを用意します。左ページのシンボルマークを刻むか、または描きます。

〈目標への到達〉のタリスマン。金属版、なめし皮、布などに描き写す
白いロウソクを灯し、タリスマンを火にかざして祈る。人目にふれると効力を失うので用心すること
オリーブ
オリーブ油をつけた白い布で拭き清める

白い布にオリーブオイルを少量つけて拭き清めます。革の場合は四隅にオイルを落とします。白いロウソクに火をつけ、タリスマンを火にかざして、願いごとを祈ります。これを１週間続けます。

１周間後、このタリスマンを上着の内ポケットに縫いつけるか、またはもち歩きます。

人目にふれるとタリスマンの効果は失われますので、用心してください。

出世できる・お金がもうかる

劉進平《りゅうしんぺい》の霊符

漢の時代、劉進平という財産家がいて、子孫・財形ともに恵まれた豊かな生活を送っていました。あまりにも幸福そうなので、身分を隠した孝文皇帝が彼の家を訪れ、「あなたの家は豊かで賢い子が多く、うらやましいかぎりである。どうしてそうなったのか」と尋ねました。

すると彼は、以前は病いや災難が続き、ひどい生活を送っていたこと。あるとき、旅人に霊符を授けられ、「この霊符を大切にし祈りつづければ、10年にして家が大いに富み、20年後には子孫も栄え、30年にして白衣の天子が訪ねてくるだろう」といわれ、今日まで大切にまつり、祈りつづけ、そして実際そうなったこと。その旅人は、門から50歩ほど歩いたところで姿を消し、ふたたび会うことのなかったことなどを語り、最後にこうつけ加えました。「しかし、まだ、天子様はいらっしゃい

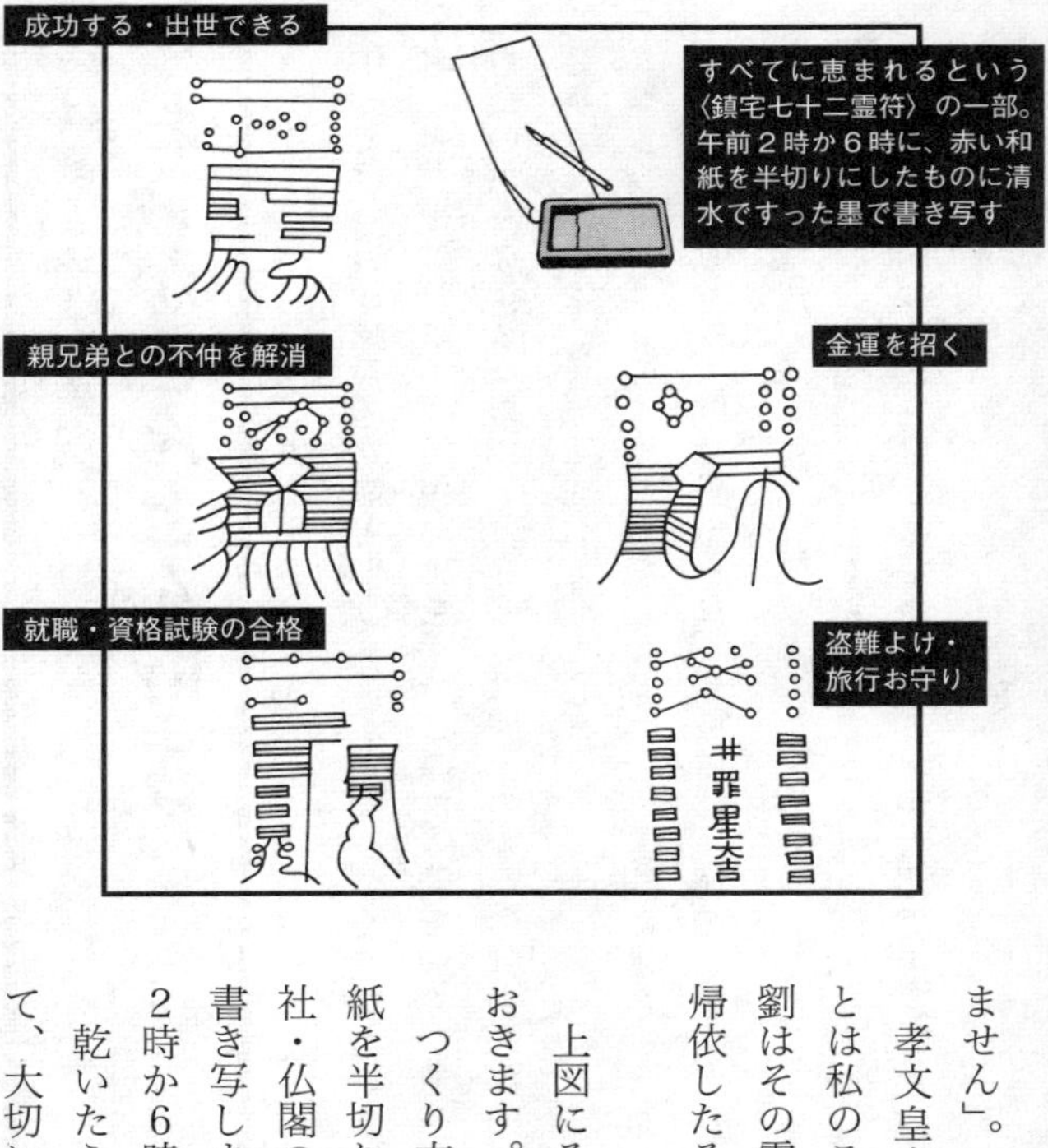

ません」。

孝文皇帝は、「その天子とは私のことだ」といい、劉はその霊符の霊験に驚き、帰依したそうです。

＊

上図にその霊符を示しておきます。

つくり方ですが、赤い和紙を半切りにし、清水（神社・仏閣の水）で墨をすり、書き写します。時間は午前2時か6時ごろがベスト。

乾いたらお守り袋に入れて、大切に持ち歩きます。

分身人形《ひとがた》の願呪

お金がどんどん貯まる

中国では、人頭蛇身の女媧《じょか》という女神が人間をつくったという話が伝わっています。この女神ははじめ、黄色い土を手でこねて人間をつくっていましたが、あまりにもたいへんな作業なので、ときどきは泥土のなかに縄を入れて引きあげた際に落ちる泥から人間をつくることにしました。

このように2通りのつくり方をしたせいで、人間には貧富・貴賤《きせん》の差が生まれ、手でこねてつくった人間は身分も高く金持ちに、泥のしずくからできた人間は風采もあがらず貧しい人になってしまったそうです。

この魔法は、自分自身の分身を粘土でこしらえ、願いを人形に託すというもの。上手下手は関係なく、心をこめてつくることが大切です。

＊

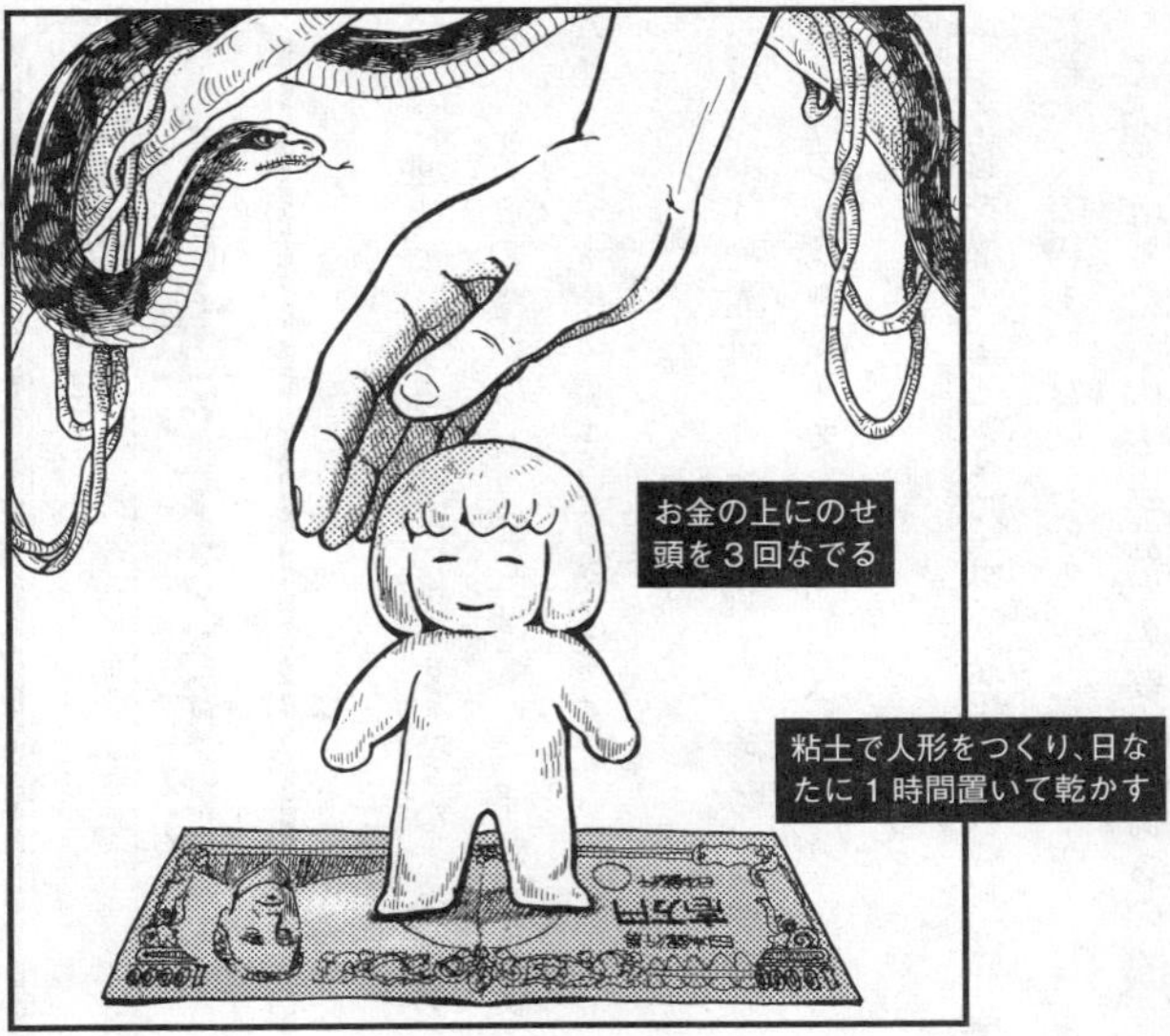
お金の上にのせ
頭を３回なでる
粘土で人形をつくり、日なたに１時間置いて乾かす

月の1日に、粘土をこねて人形をつくります。できあがったら1時間、日なたに置いて乾かします。

その後、紙幣を人形の下に置いて、人形の頭を３回なでます。

これをくり返しているうちに、お金がお金を呼び、知らず知らず貯まるといわれています。

浪費癖の強いあなたは、一度試してみる価値がありそうです。

幸運の前足

くじ運をよくする

くじ運をよくする方法にはさまざまなものがありますが、「幸運の前足」といわれているこの魔法はどうでしょうか。手に入りにくいかもしれませんが、ウサギのなめし皮や毛皮の裏を使う魔法です。

＊

月の第3金曜日、ウサギのなめし皮に、緑色のインクやカラーペンを使って、左ページの紋章を描きます。そして、黄色いロウソクに火を灯し、15分ほど願い事を祈ります。

宝くじを購入するときには、左手にこのお守りをもちます。宝くじをしまうときには、くじのあいだにこのお守りをはさんでおきます。

このお守りは家内安全などの要素もあるので、白い紙に包んで家のどこかにし

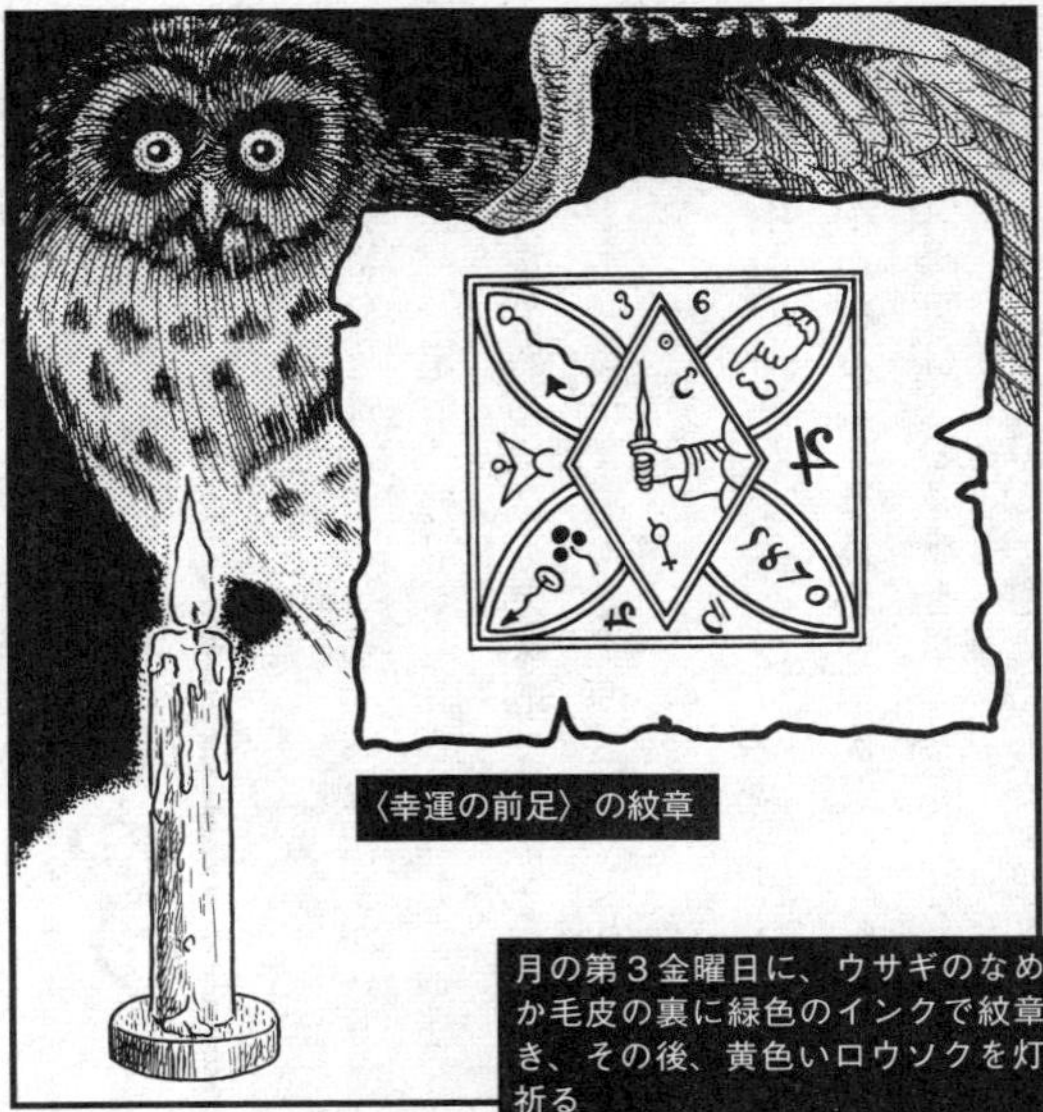

〈幸運の前足〉の紋章

月の第3金曜日に、ウサギのなめし皮か毛皮の裏に緑色のインクで紋章を描き、その後、黄色いロウソクを灯して祈る

まっておくと、魔除けの役割も果たしてくれます。

ただし、しまいこんだまま忘れてしまったり、粗末に扱ったりすると、役割を果たすどころか、厄難に祟られてしまいます。いたずら心でつくったり、所有したりするのはやめましょう。

何年かたって処分するときには、白い紙に包んだまま燃やすこと。このとき、炎の上から線香を細かく折ったものを投げ入れるとよいといわれています。

心臓の守護符

病気が快方にむかう

ひと口に病気といってもいろいろな程度がありますが、現在入院中の人の自然治癒力が増し、予定よりも早く退院できるようになる魔法があります。大病を患ったのち、再発を恐れる人にも効果的です。

これは、古代エジプトの心臓の護符により、魔法の力を自分自身にとりこんでしまうというものです。

心臓は生命の宿るところとされ、よき思い、悪しき思い、その両方の源泉であり、肉体が健やかなるときは良心を示すといわれています。

心臓の守護符は、ミイラをつくる際、肺とともに壺に納められて保存され、その後、ツアムテフ神の守護のもとにおかれます。そして、生命力、活力、その他なんらかの利益を与えつづけるといいます。

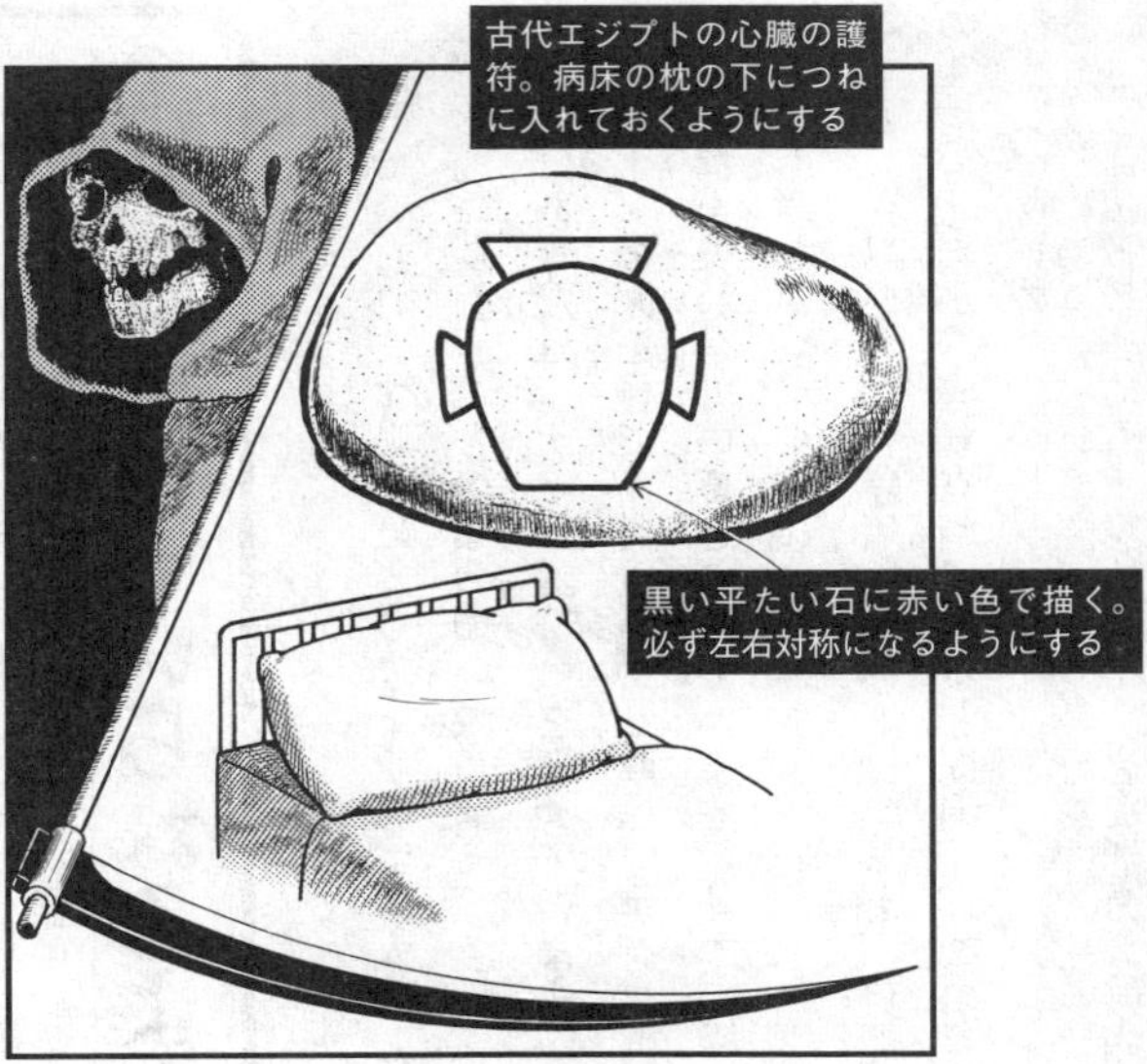
古代エジプトの心臓の護符。病床の枕の下につねに入れておくようにする
黒い平たい石に赤い色で描く。必ず左右対称になるようにする

＊

病気療養中のあなたの場合は、黒の平たい石に、赤い色で図のような護符の象徴を描き、病床の枕の下につねに入れておきます。

これだけのことですが、平たい石を探しだす人間は、あなたの4親等以内の親族またはパートナーに限るという条件は守っていただきたいと思います。

テトの護符

つねに健康でいられるように

健康でいられますように――すべての人にとって、今も昔も、そしてこれからも永遠に変わることのない願いでしょう。

さて、あなたは「テトの護符」を知っていますか？

左ページの図を見てください。これは、エジプトの女神イシスが夫の死体を隠した木の幹を表わしているとされています。４本の横木は４つの基本を示し、エジプト人の重要なシンボルになっています。

また、ギリシャの哲学者エンペドクレスも、自然界の万物は「火・地・風・水」の４つの元素から成り立っていると提唱し、この４つを合成し、はじめて完全となるとしています。

さらに仏教教典にも、身体健全、息災延命、無病息災という、４文字の言葉が使

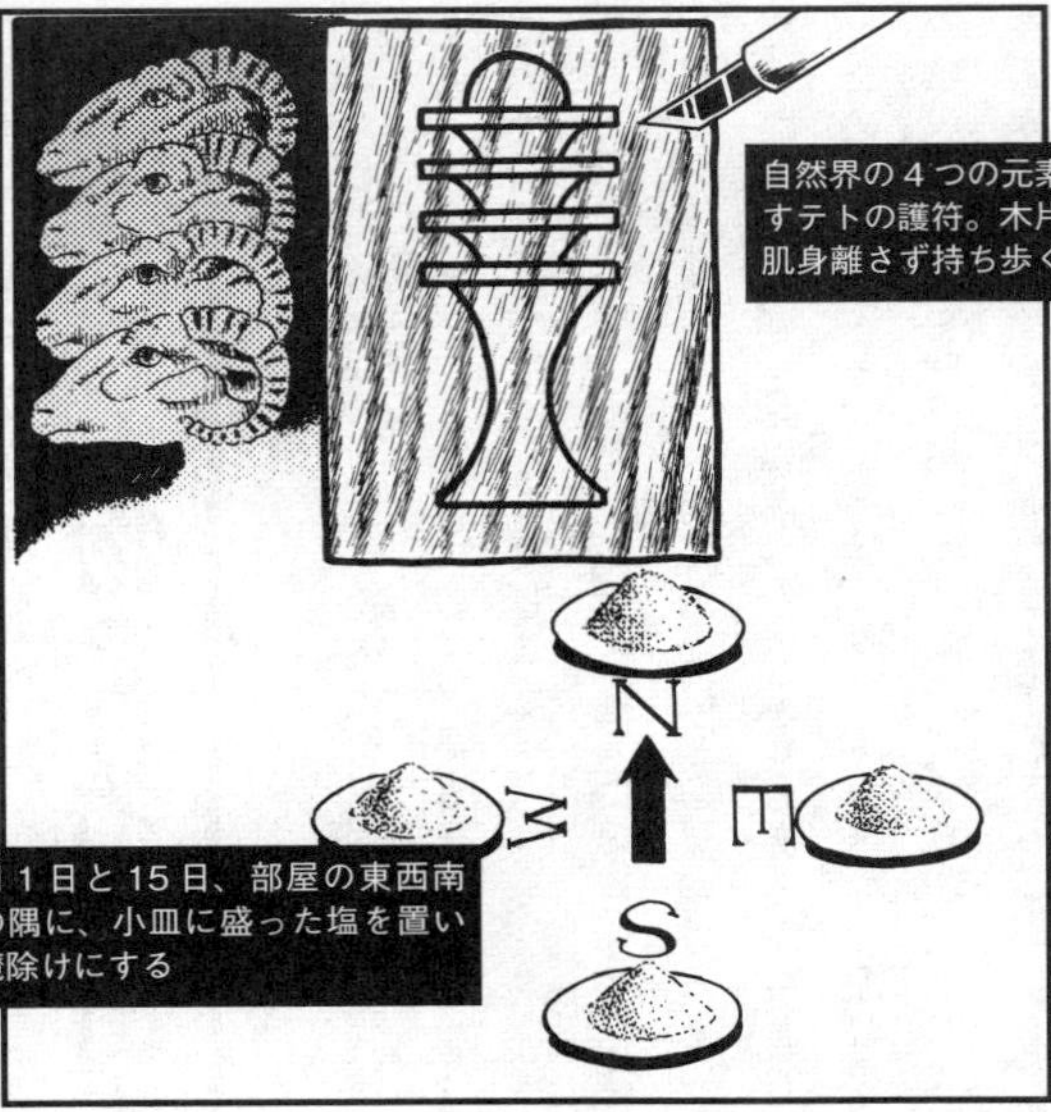

自然界の４つの元素を表わすテトの護符。木片に彫り肌身離さず持ち歩く

毎月１日と15日、部屋の東西南北の隅に、小皿に盛った塩を置いて魔除けにする

われています。

「4」という数字は、万物の健やかなる魂・肉体の宿りどころを示し、「完全」の象徴といえるのです。

＊

健康を願うあなたは、図のテトの護符を木片に刻んで、持ち歩きましょう。

加えて、毎月の1日と15日には、部屋の東西南北の隅に小皿に盛った塩を置くと、強い効果が現われるでしょう。

失《う》せ物発見の護符

失くした物を見つけ出す

失くした物を見つけ出すためのタリスマン（護符）です。大切なものがどうしても見つからない、忙しくて探す時間がとれない……そんなあなたはこのタリスマンの力を借りてみてはどうでしょうか。

このタリスマンには、「Discover Treasures（宝物の発見）」という名がつけられていて、文字どおり、隠された財宝を見つけるという効力もあります。ですから、思いがけない儲け話にぶつかることもあるかもしれません。

このタリスマンの出所は、グノーシス派の流れをくむエンクロライト派か、モンタイ派か、あるいはヘルマス派でしょうか。

しかし、グノーシス派はユダヤ教、ヘレニズム、古代エジプトの密教、東方ゾロアスター教……と、オリエント世界のなかで正邪入り乱れている時期に諸派閥があ

〈宝物の発見〉の紋章
黄色い紙に緑のインクで紋章を描き写し、ポーチにしまう。ポーチごと1週間、ジャスミン系の香で焚きしめる

まりにも複雑な系譜をもっているため、出典は私もいまだ研究の途上であることをつけ加えておきましょう。

＊

黄色い紙に緑色のインクやカラーペンで、上の図の紋章を描き写し、ポーチにおさめます。

ポーチごとジャスミン系の香で焚きしめ、1週間のあいだ持ち歩きます。失せ物はまもなく発見できるでしょう。

足止めの呪符

家出人の行方を知る

家出をして行方がわからないとき、それ以上ほかへ移動しないように足止めをし、また行方を知るという呪法です。

*

まだ、一度も使ったことのない白い紙に、「走人その行先は、はりのやま、あとへもどれよ、あびらうんけん」と呪文を書きます。

酒盃の中央に家出人の姓名を書き、先ほどの白紙でそれを包んで、5本の針を刺します。この酒盃を仏壇や神棚に置いておくと、しばらくしてその居所がわかるといいます。

また、居所がわかったあと、すぐに針、酒盃、呪符を大きな川に流すと、家出人は戻ってくるといわれています。

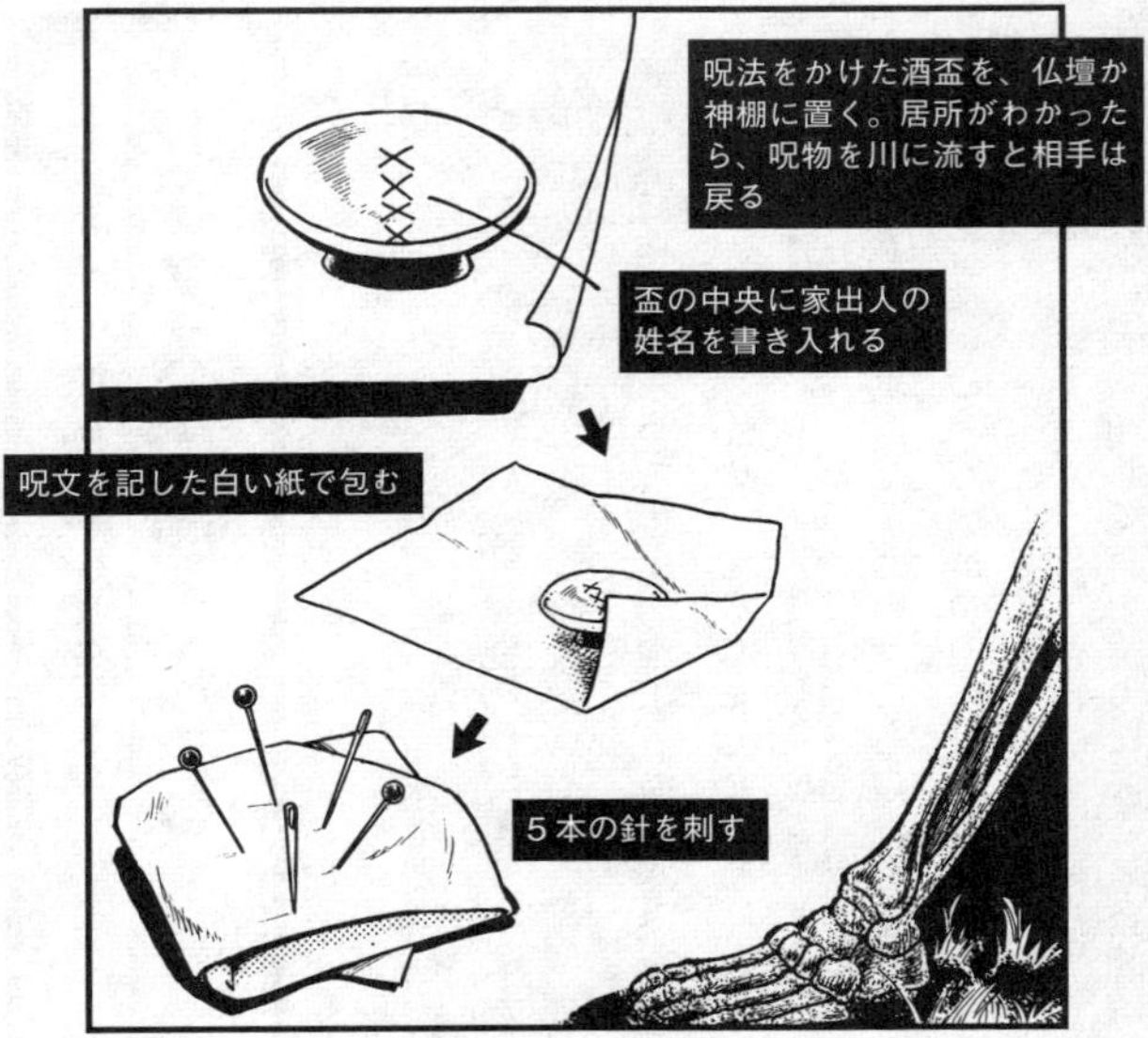

自宅に仏壇や神棚がない場合には、家の東の方角に結界を張り、そこに呪符を置きます。

「結界を張る」とは、ある区域を制限し、魔物を入れないために印を結ぶこと。柱と柱を利用し、白いひもをピンと張るなどしてつくります。

ゼウスの繁栄の秘法
セックスが強くなる

ギリシャ神話に登場するゼウスは、大地と農耕の神クロノスと大地の女神レアの息子で、神々の主です。全知全能の神であり、また好色であることも、神々のなかでは群を抜いていました。

ゼウスは相手を求めて天上、地上、海の深みまで探しまわり、数えることはかりしれないほどたくさんの子をなしました。

セックスが強くなるという願いは、正に働けば子孫繁栄ですが、邪に働けばいたずらに浮気心を満足させるということのみに終わってしまいます。もしあなたの目的が後者ならば、この方法は頭のなかから外したほうがよいでしょう。

*

木曜日の朝、入浴をして身を清めたあと、香油（オーデコロンでも可）を全身に

鳥の飛ぶのを９
羽まで数えたら
コップ１杯の水
を飲みほす
樫の木のような固
い木を枕に、空を
見ながら横たわる

塗ります。

　そして、ゼウスの聖木である樫の木に準じた固い木を枕にして、空の見える位置に横たわります。

　空に飛ぶ鳥の数を９羽まで数えたら、コップ１杯の水を一気に飲みほします。

　これを、毎週木曜日の朝続けます。

　知り合いのイタリア人からの秘伝ですが、彼は、現に８人の子をなした名うての強者です。

ラベンダーの枕

白魔術吉凶占い

願いが叶うかどうか、その吉凶を白魔術のラベンダーの枕で占ってみましょう。

上弦の月になるまで待ちます。月に、願いが叶うかどうか夢で教えてくれるように祈りながら、ラベンダーのポプリを入れた枕をつくります。

結果は、この枕を使った夜に見た夢で判断します。

自分が美しく着飾っている夢や、笑う、食べる、人に会う、歌うなどアクティブな夢なら、おおむね吉です。

一方、困難な状態になっていたり、嫌いな人と同席する、汚れたもののなかに座る、何ものかに追いかけられている、という夢は凶となります。

そのほか吉象意としては、鳥が飛ぶ、海を渡る、花が咲く、動物をつれて歩く、夢のなかの果物を印象的に覚えている、スピードのある乗り物に乗る、というもの

ラベンダーの枕は上弦の月の晩に効力を発揮する

もあります。

凶象意としては、高いところから落ちる、ブランコに乗る、歩いたり走ったりしているのにちっとも前に進まない、自転車をこぐ、などがあります。

また、死んだ人に会う夢は、近いうちに身の上に大きな変化がおこることの予兆です。その変化が吉であるか凶であるかは、生前その人を好きだったか嫌いだったかで判断します。

すぐにできるおまじない――③

◆てんとう虫を見つけたとき◆

もしあなたが女性なら、てんとう虫を空に放してやりながら、「てんとう虫よ、北へ南へ東へ西へ飛んでおいき、そしてわたしの一番好きな人を見つけておくれ」と唱えます。

女性の恋人を見つける使者とされている、てんとう虫(lady-bird)の力で、まもなく理想の恋人とめぐり会えるでしょう。

◆縫いものの途中で針が折れたとき◆

針が折れたからといって、作業を途中でやめてはなりません。「針千本、針千本、針千本……」と、呪文の言葉を口にだして3回以上唱えること。そして、代わりの針を使って、最後まで仕あげることです。そうすれば、きっと悪魔は退散します。

手縫いのときもミシンのときも同様です。必ず針は何本か用意しておくようにしましょう。

◆忘れないようにしたいとき◆

左手の指に赤いひもを結んでおくとよいでしょう。赤い色には魔力が宿っているので、約束ごとを思いださせてくれます。

逆に、忘れていたことを思いだしたときは、ただちに座って10数え、「わたしが座って、悪運も去る」と呪文を唱えます。そうしないと、悪いことが起きるといわれています。

こうしたまじないをする時間のない人は、左の肩越しに物を捨てるしぐさをすると、同等の力が得られるそうです。

◆ライトがひとつしかついていない車を見かけたとき◆

その車のルーフにさわって「パドゥダリ」と呪文を唱えてから、願いごとをします。

デート中であれば、相手の手を強くにぎること。そうすれば、願いごとはきっと叶うでしょう。

実践法4

自分を変える白魔術

アトマとイジミクリ

怠けグセをなおす

ミャンマーでは、アトマ（頭の黒い鳩）の赤い尻尾とイジミクリ（頭の白い鳩）の白い頭は、利己心や怠けグセのシンボル。嘲笑と軽蔑の対象となっています。

これは、太陽と月の運行の神話にもとづいています。

創造神がつくった平和な天地を憎く思った9つの太陽と10の月は、地上をいっせいに照らして生物を全滅させようとしました。創造神の活躍によって8つの太陽と9つの月は射落とされましたが、残った太陽と月が恐れをなして隠れたので、地上は真っ暗で寒い世界に。ふたたび困った創造神は、鳥や獣を集めて太陽と月を連れ戻すように命じますが、怠け者のアトマとイジミクリは、病気や喪中の理由をつけて出かけようとしませんでした——。

あなたのなかにもアトマとイジミクリが巣食っているなら、この魔法で追い払い

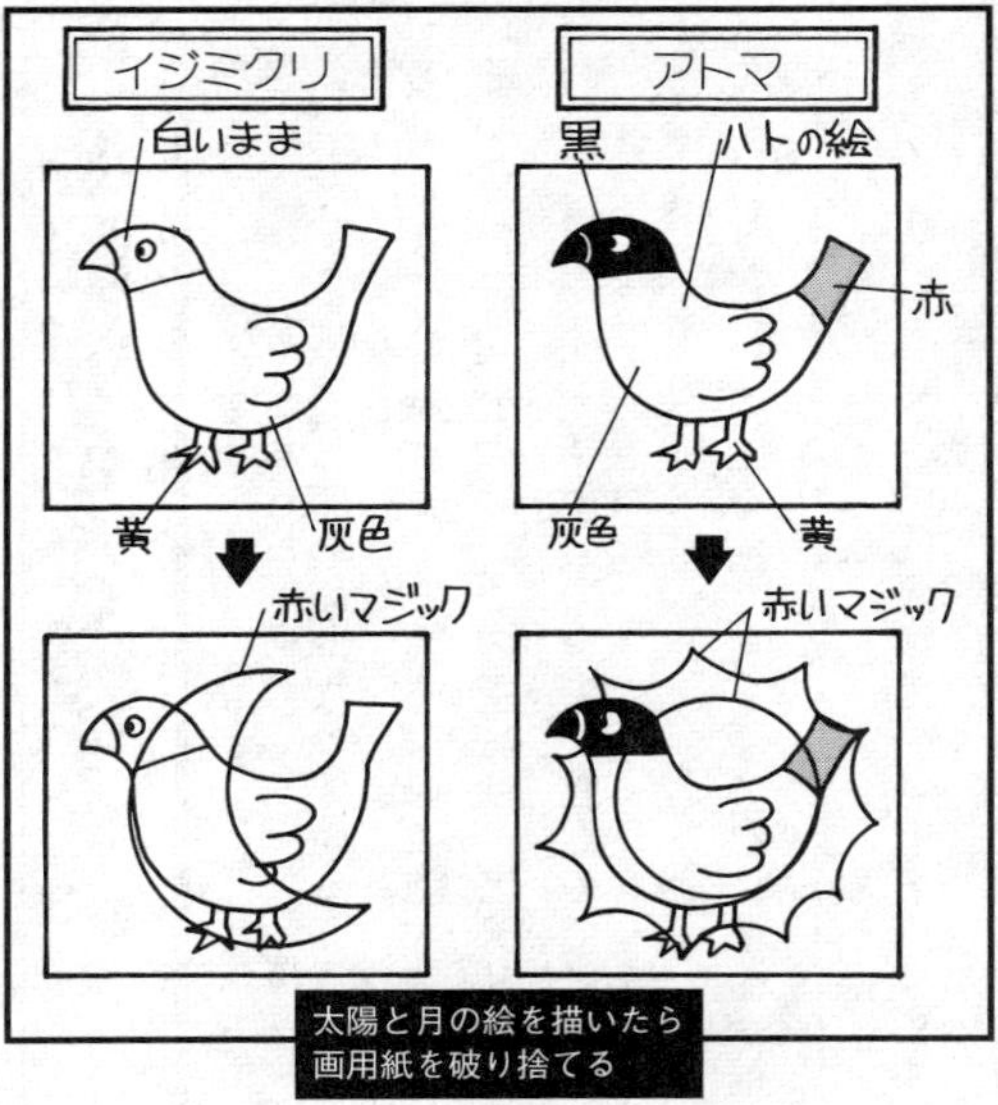

ましょう。

＊

上図のように、アトマとイジミクリの絵を白い紙に墨で描きます。

怠けグセが出てきたと思ったら、それぞれの絵の上に赤いマジックで大きく太陽と月の絵を描き、ビリビリに破いて捨てます。これでひとまずあなたの怠けグセは退散するでしょう。

ただし、あまり頻繁に使うと効果が落ちてしまうので注意が必要です。

四精霊の魔法

心配症をなおす

いつも心配にがんじがらめになっていると、思いきったこともできず、一生うだつが上がらないままで終わってしまうことになります、

そんな人にうってつけのこの魔法は、アメリカ・インディアンのあいだでとり行なわれている、四大精霊の力を借りたものです。

*

まずはじめに砂で山を築きます。これは精霊が宿る聖なる山の代わりです。

5枚の旗を用意し、それぞれに「ウンガビ」「リンドロ」「カブスエル」「ベルヘロン」とインディアンの四大精霊の名前を書きます。残った1枚には、左ページのようなマークを描き、すべての旗を図のように砂山にさします。

翌日、まだそのまま砂山があれば、精霊があなたに力を与えた証拠。大急ぎで砂

山を崩し、旗を捨てましょう。

もし砂山が崩れていた場合は、もう一度、月が満月になるのを見計らってやりなおしをします。

ただし、この魔法のあいだ、「砂山はどうなっただろうか、崩れはしないだろうか」と心配しているのでは意味がありません。

魔法を実行した日の晩は、なにも考えずにいることです。

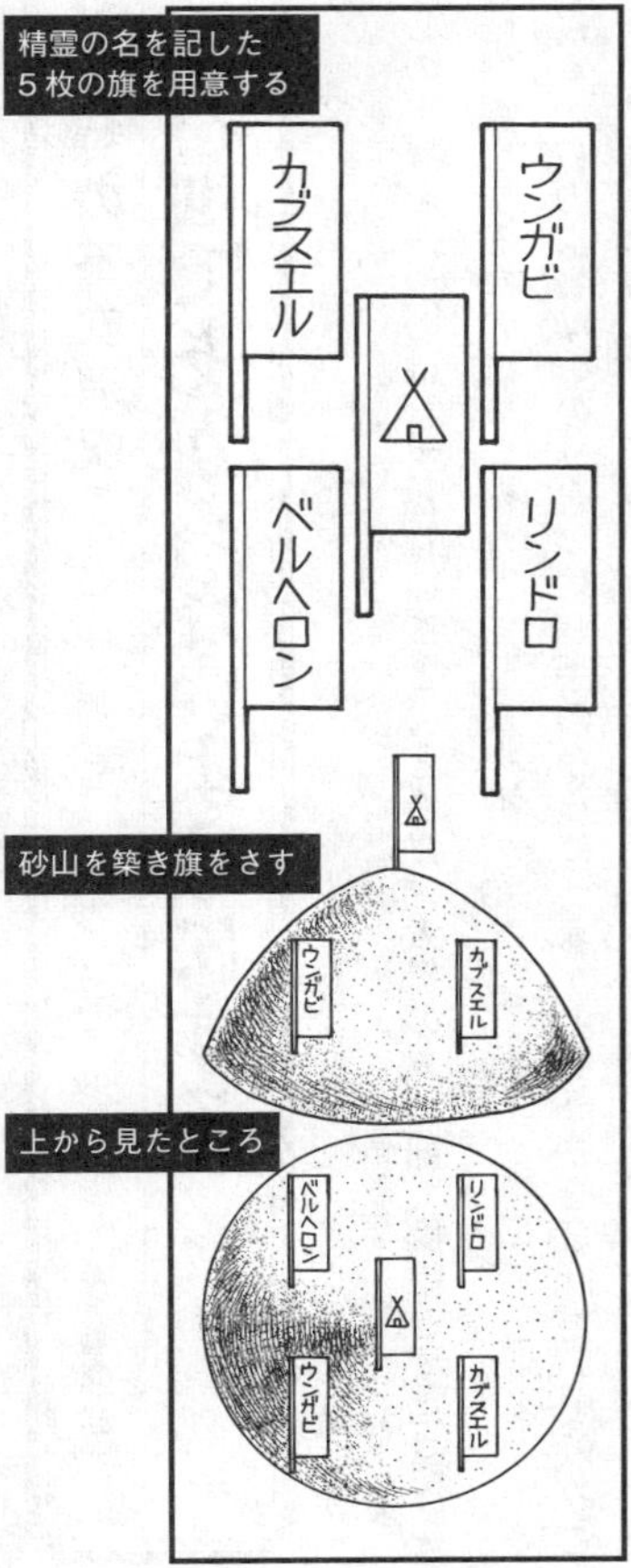
精霊の名を記した
５枚の旗を用意する
ウンガビ
カブスエル
ベルヘロン
リンドロ
砂山を築き旗をさす
ウンガビ
カブスエル
上から見たところ
ベルヘロン
リンドロ
ウンガビ
カブスエル

米粒の不安消呪

人前であがらないようにする

心の平静を保つのはむずかしいこと。とくに、大勢の人の前で緊張せずに堂々と自己表現をするなどは、なかなかできないものです。

古くからのまじないのひとつに、手のひらに「人」という字を3回書いて飲みこむと、「人を飲む」ということにつながってあがらないですむ、というものもあります。

しかし、それだけでは心配な場合は、こんな方法も試してみるとよいでしょう。

＊

心のなかの不安要素をひとつひとつあげ、その不安の数だけ米粒を用意して、赤く染めます。

朝日が昇る時間がくるころ、スズメが集まるところに米粒をまき、スズメにこれ

心のなかの不安材料と同じ数だけ米粒を用意する
日の出とともに米粒を撒き、スズメに食べさせる

をすべて食べさせて不安要素を四方八方へ飛ばしてしまうのです。

これを1日だけでなく、せめて1週間は続けてみましょう。

なぜなら不安が多ければ多いほど米粒の数が増え、それにともなって魔法の力がうすれていくからです。

また、うっかり寝ぼうをしてしまうと、せっかくの努力も水の泡。この魔法を行なっているあいだは、早起きを心がけましょう。

インセンスの鎮静法

イライラを落ち着かせる

イライラを鎮めるには、古来より「瞑想法」と「インセンス（香）法」が一般的です。瞑想は、訓練なしにいきなり行なうのは難しいので、ここでは比較的実践しやすいインセンス法をとりあげましょう。

インセンス法は香を使って嗅覚を刺激し、心に平安をとり戻す術です。魔法とは少し性質が違うので、あらかじめお断りしておきます。

＊

まず、香を用意します。自分が好きな香りを基本とし、あまりきつくない香りを2種類選びます。

ゆっくりとバスタブにつかり、沐浴して髪と身体を清めます。身体を締めつけないゆるい衣類に身を包み、電気を落としてロウソクに火を灯します。香を焚きなが

香を焚きながら
呪文を３回唱える
香が途絶えロウソクが短くなったら
手を叩き火を消す

ら、「アモン・アモン・アモン」とゆっくり3回呪文を唱え、何も考えずにしばらくリラックスします。

1回目の香が途絶えたらふたたび香を焚き、後頭部のつけ根あたりを親指で10回ほど押し、先ほどの呪文を3回唱えます。

香がすっかり途絶え、ロウソクも消えそうに短くなったら、パンッと大きな音が出るように手を叩き、ロウソクの灯を一気に吹き消します。

聖ゲオルグの呪法

勇気が出てくる

スラブには森の精、水の精の民間伝承が多く、自然と密着した地域です。

南スラブでは春の聖ゲオルグの日（4月24日）に「緑のゲオルグ」という儀式がとり行なわれます。聖ゲオルグになぞらえた1人の若者を、白樺の枝と葉で飾り、この若者を先頭に若者たちのグループが家々をまわって、春を迎える歌を歌い、食べ物を受けとるのです。

聖ゲオルグは竜退治の伝説で有名な聖人で、勇気のシンボルになっています。

この聖ゲオルグにちなんだ、勇気を授けてくれる魔法を説明しましょう。

＊

まず、ゆっくりと入浴して身を清め、香油（ボディローションなどでも可）を身体に塗ります。

用意しておいた白樺の木の写真または絵を自分の前に置き、春を迎える呪文「ペルーン・ヴォーロス・ストリーボグ・ダージボグ・ホルス・モコシ・セマルグル」を唱えながら、その写真（絵）のまわりを3回まわります。

写真は机の上などに飾っておき、いよいよ勇気を必要とするとき、その写真を1分間見つめてから出かけます。あなたに聖ゲオルグの勇気が宿ることでしょう。

ひまわりの願呪

集中力をつける

集中力のない人間はやはり、他者に差をつけられてしまうようです。自分に少しでも集中力をと望むむきには、この魔法はまんざらではありません。方法的には少女のおまじないのようですが、効果は劣りません。

この魔法は、地中海周辺に住む人びとが多く行なっているそうです。ギリシャ神話にゆかりの深いこの地の人びとは、クリュティエーやアポロンに愛着を感じるからでしょう。

水の精クリュティエーは、太陽神アポロンに強い好意を抱いていましたが、アポロンはそれをずっと無視していました。クリュティエーは毎日、一心に彼の動く姿を見守りつづけました。そしてとうとう地に根を生やし、顔は花となり、アポロンを見守るひまわりとなったのです――。

この神話にちなんだ魔法とは次のようなものです。

＊

黄色の木綿地でつくったポーチに太陽の刺繍を施し、ひまわりの種を４つ入れます。それを7日間、太陽の光があたる家の軒下や部屋の東側に吊るします。試合や試験など特別な日に、このポーチを身につけると、集中力に恵まれるでしょう。

創造神プターの魔法

意志を強くさせる

自分のなかに、もうひとりの弱い自分がいると感じたことはありませんか？　やろうと決めたことを怠ったり、勇気ある行動をとろうと思ったのに臆病風に吹かれたり。これらはすべて、心のなかにいるマイナーな自分によることが多いようです。この心のなかの敵に勝つ魔法をお教えしましょう。

＊

古代エジプトの墓に刻まれていた文字を編纂した『死者の書』１６６章には、「頭を水平線にまで持ち上げ、高められたそれによって勝利する、創造神プターは、あなたの敵を滅ぼすことだろう」とあります。

この言葉を厚紙に書き写し、その下に勝利の聖杯を赤いインクで描きます。そして、この厚紙をつねに枕の下に置いて眠ります。

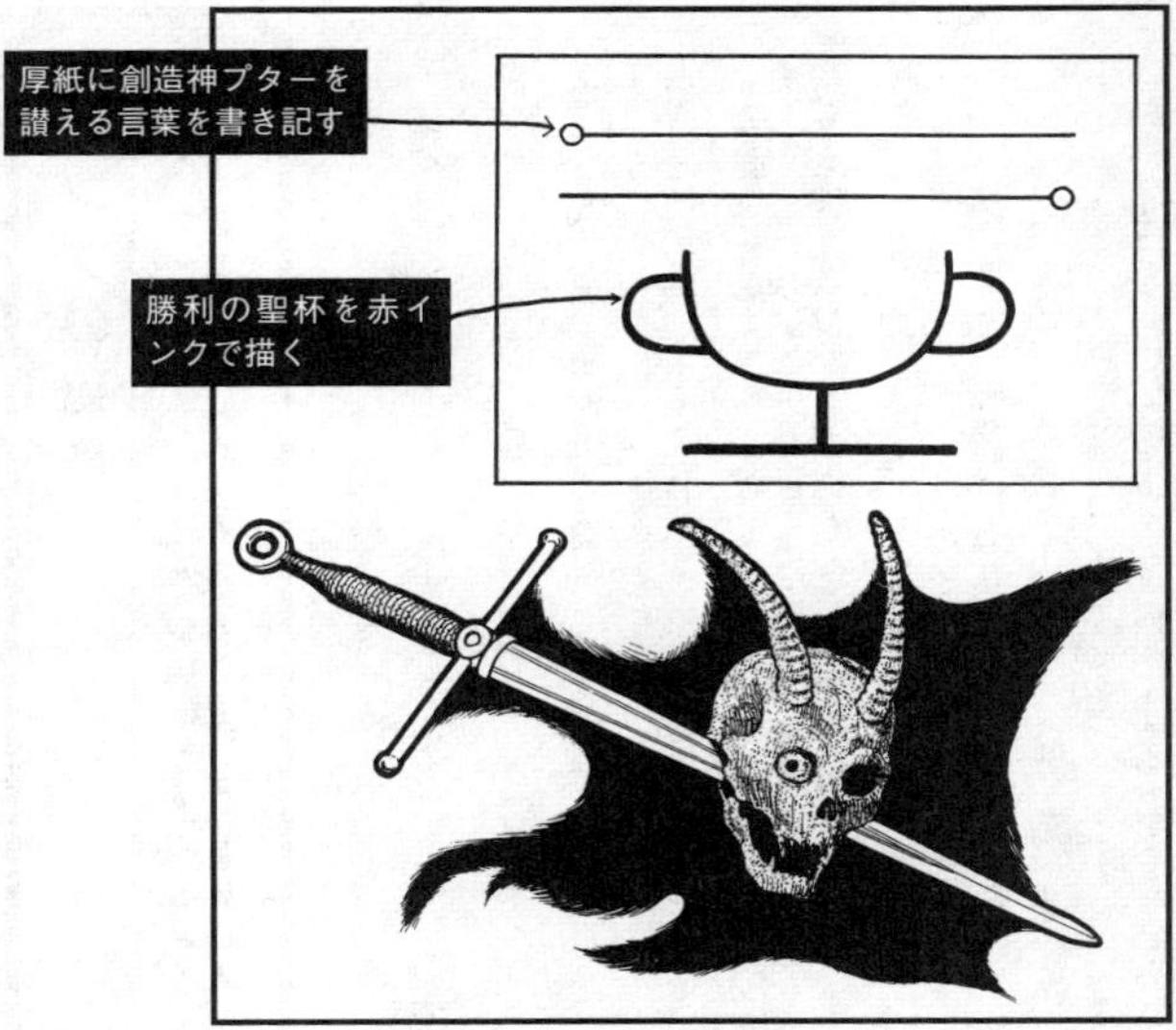
厚紙に創造神プターを讃える言葉を書き記す
勝利の聖杯を赤インクで描く

プターの加護により、心のなかで足を引っぱる弱い自分を追い出すことができるでしょう。

厚紙は毎月、新月の日(満月から数えて14日目。月齢カレンダーで確認)に新しくつくりなおすことが大切です。

つくりなおすのを忘れると、前進しようとする足を引っぱる弱い自分に逆戻りしてしまいます。くれぐれも気をつけましょう。

アンクの秘符

人に好かれるようになる

アンクは、生命のシンボルをかたどったもので、現代の欧米諸国でもっともポピュラーなお守りです。

愛情や人気の守護星・金星に形が似ているところから、その起源は奥深くカバラ哲学やヘルメス哲学も関与しているものと思われます。

このお守りを身につけている人は、不思議と周囲の人びとを魅きつける力をもち、誰からも好かれるようになるといわれています。

金または銀でこのお守りをつくり、ペンダントとして用いるのが正統派のやり方ですが、あなたの場合はもちろんイミテーションでかまいません。

＊

この魔法は、月の第1金曜日にすることが条件です。

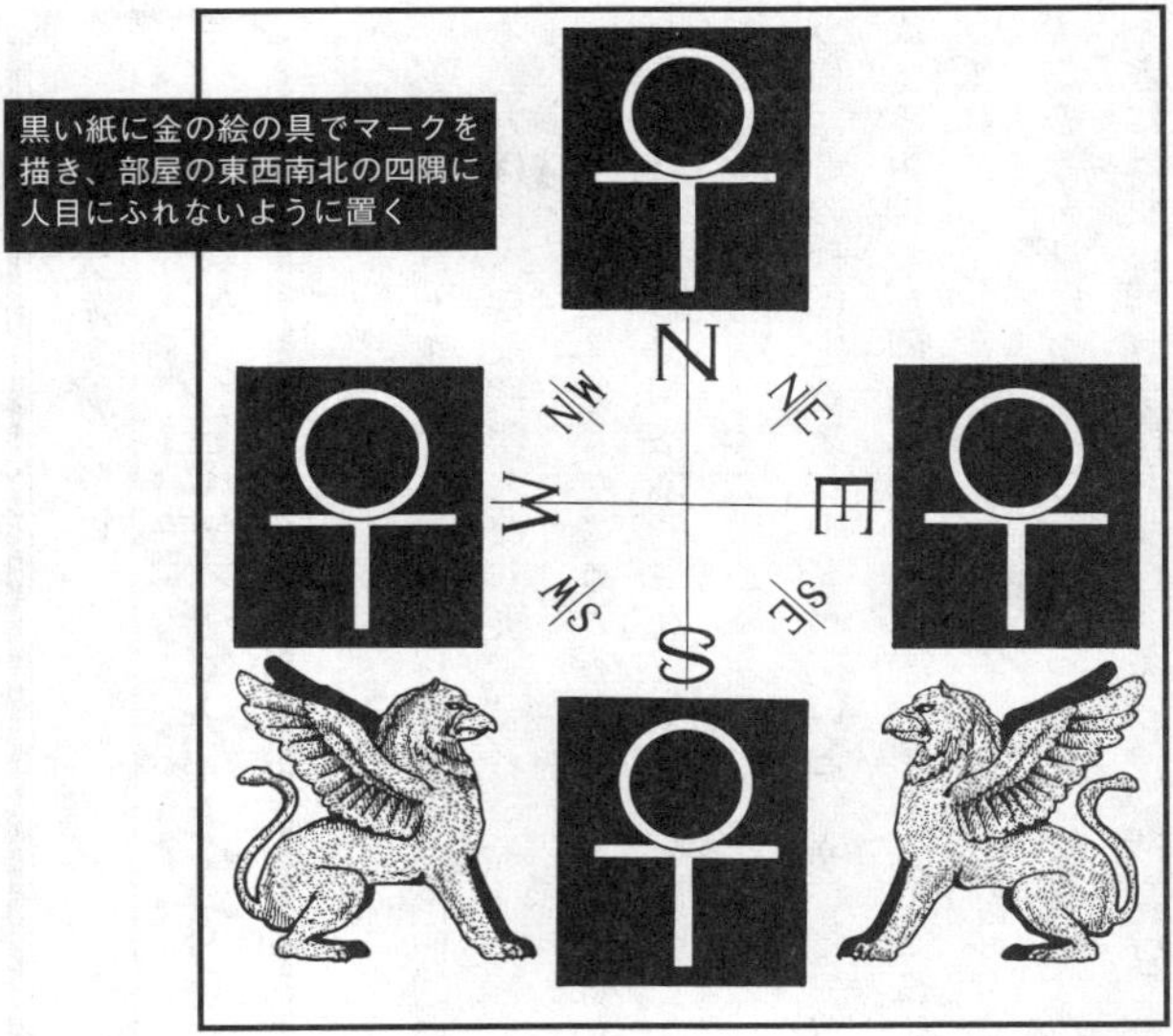

黒い紙に金の絵の具でマークを描き、部屋の東西南北の四隅に人目にふれないように置く

黒い紙を４枚用意します。それぞれの紙の中央に、金色の絵の具やマーカーを使ってアンクのマークを描きこみます。

そして、部屋の東西南北の四隅に置きます。

ただし、人の目にふれないような場所を選んで置くことが大切です。１枚でも見つかってしまったら、ほかの３枚も効力を失ってしまうので、ただちに処分して改めてやりなおします。

韋《い》駄《だ》天《てん》の魔除け

ひっこみ思案をなおす

素早く判断してすぐに行動に移す能力、積極的にさまざまなことにチャレンジする能力は、大きな武器となります。

でも、ひっこみ思案でなかなか行動にうつせないという人も多いでしょう。そんなあなたのために、積極的になれる護符を提供したいと思います。

この護符の絵柄は、「韋駄天」という神様です。韋駄天走りという言葉があるように、この神は走るスピードが速いということで有名ですが、もともとは悪魔を討伐する軍神で、同時にこの神を崇拝する人びとに生命と活力を与えるともいわれています。

この神を身につけることによって受ける恩恵は数々あり、私も、ここ一番というときには肌身離さず持ち歩き、多くの幸運を得てきました。

生命と活力を与えてくれるという軍神・韋駄天の護符。コピーしてつねに身につけておくとよい

＊

あなたも恩恵を得たいというなら、上のイラストを切り取るかまたはコピーをし、定期入れに入れるなどして、つねに身につけておくとよいでしょう。

ただし、半信半疑で持ち歩くのはやめたほうがいいでしょう。この神は潔癖なところがあるので、恩恵どころか手痛いしっぺ返しをうけるかもしれません。気をつけましょう。

招運の護符

心を晴れ晴れとさせツキを呼ぶ

悪いときには悪いことが重なるもの——この言葉には一理あります。心には法則があり、悪循環のくり返しということも、またきちんと説明がつくのです。

そういった意味でこのごろよくないこと続きというあなたは、どこかでパチンと流れを変える必要があります。これこそ白魔術の大切な役目だと思います。

*

能書きはさておき、実践に入りましょう。

この護符をつくるのは、体調、機嫌ともによい日に限ります。具合が悪い日に不機嫌になりながら護符をつくっても、なんの意味もないからです。

白い和紙を用意し、毛筆で左ページの図のとおりに描き写します。そして、部屋の中央から見て辰巳《たつみ》の方向（南東）に貼っておきます。

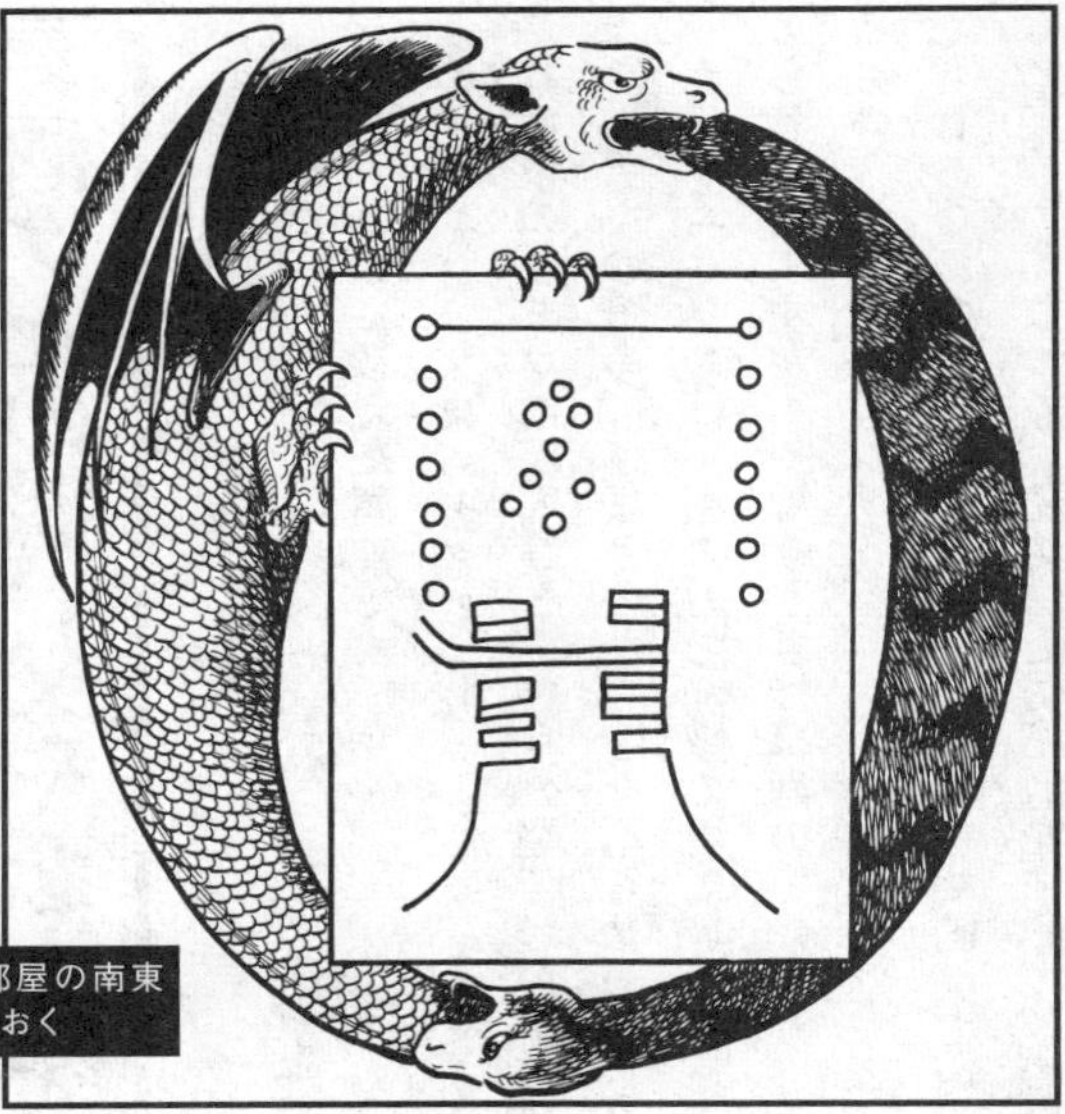

護符は部屋の南東に貼っておく

また、この図柄をすっかり暗記し、困難な状態に陥ったときに手のひらのなかになぞるように描くと、解決の手立てが見つかるでしょう。

書き順にはあまりこだわらなくてもよいですが、右から左へ、そしてまた上から下へ書くのが通常の書き方とされています。

バッカスの秘呪

酒グセの悪い父や恋人をなおす

ディオニュソス（バッカス）は、ギリシャ神話に登場する、酒によるエクスタシーを人びとに教えた酒神です。

ディオニュソスは、ときに「リュシオス（ゆるめるもの）」とも呼ばれますが、これは彼のブドウ酒が人びとを日常の堅苦しさから解放するから。また飲みすぎたときに舌をゆるめ、さまざまなことを語らせるからともいわれています。

ディオニュソスは、酒の力で恍惚《こうこつ》の境に身を委ねる術を教えてくれた神として讃えられていますが、やはりときには酒の力により好ましくない状態になることもあるもの。

もしあなたの恋人や肉親がそのタイプで困っているなら、ディオニュソスの「聖なる植物」をまつり、そのあとでそれをすべて乾燥させて、酒グセの悪い本人に煎

つた
ぶどう
ばら
その白湯でお茶を入れて
毎日、相手に飲ませる
乾燥させた３種類
の植物を細かく刻
んで白湯に落とす

じて飲ませましょう。

＊

ブドウ、ツタ、バラの３つの聖なる植物の葉を乾燥させ、わからなくなるくらいに細かく刻みます。

白湯にごく少量おとしてから、ほかの茶類に入れなおし、混ぜ合わせて飲ませます。

これを毎日、本人には絶対に気づかれないようにして実行します。

白魔術Q&A──①

Q魔法を実行するにあたっての心がまえは?

Aまず邪心を捨てること。あいまいで中途半端な気持ちを捨て、きちんと決心してから始めること。沐浴して身を清め、好みの香油(ボディローションでもよい)を用意しておくこと。

そして、黒魔術とまったく逆のことを行なうと認識してから実行することです。

Q誰かの代理として実行することはできる?

A人間はそれぞれ、生まれながらの霊位も違えば、集中力、念のパワーもまちまちです。同じ魔法をやって正確に実行の方法をなぞらえたとしても、個人によって微妙に違う結果が生じることもあります。

そういった意味で、代理人をたてての魔法の実行は無理です。

もし、7日間連続して行なわなければならない魔法のうち、1日でも誰かに依頼したとすれば、その魔法はその瞬間に破戒されたも同然となってしまいます。

Q使った道具の後始末は?

A基本的には捨ててかまいませんが、ほかのゴミといっしょくたにして捨てるのは邪道です。白い紙に包んで、燃えるものは燃やし、不燃物はゴミ入れに捨てましょう。このとき、感謝しながら捨てることを忘れてはなりません。

捨てる日時の指定のないものはいつ捨ててもかまいませんが、効果が現われたなら、いつまでも放置しておかずに処分しましょう。

Q同時にいくつもの魔法を実行してよい?

Aこの答えはもちろんノーです。ひとつの魔法に全身全霊を傾けなければ、願いが叶わないどころか、中途半端な念があちこちに浮遊することになり、身体に支障をきたすこともあります。

ひとつの魔法を実行してから終了までのあいだに、なんらかの事情でもう必要でなくなった場合は、すみやかに実行を中止し、沐浴をして使用した道具を処分します。

実践法5

呪い返しの魔術

イシスの守護符

恨みから自分を守る

とりたてて人に恨まれるようなことをしていなくても、なにかの誤解で恨まれてしまうこともあります。そんなとき、「イシスの帯の留め金」と呼ばれる護符をもっていると、その偉大な力によって心身が加護されるといわれます。

このお守りは『死者の書』の156章と結びつけて解釈されており、「イシスの血、イシスの力、イシスの威力の言葉、この偉大にして高貴なる者を保護し、嫌悪の念を抱きてこの者に向わんとする者より、守護する力となりて、強力に働くべし」という内容の章文が彫りこまれているといいます。

＊

この護符をつくるには、直径5ミリ以上長さ10センチくらいの太ひも、赤いガラスビーズ、ビーズを通す細ひも、そしてこれを携行したいのであれば金の鎖が必要です。

太ひもを2つに折り、その中央を赤いビーズを通した細ひもで三重にぐるりと縛ります。

自分を恨んでいる相手が具体的にいる場合は、その人と会うときに、このお守りに金の鎖をつけてネックレスのようにして身につけていきます。

なお、相手の目にふれると魔力が衰えるので、ふれさせないようにすることが鉄則です。

直径５ミリ以上の
太ひも（長さ10
センチくらい）を
２つに折り、赤い
ガラスビーズで縛
る。金の鎖をつけ
首にさげてもよい
相手の目にふれると
魔力を失うので注意

アリオーンの人形

予期せぬ不運を消す

アリオーンは有名な音楽家で、コリント王ヘリアンドロスにたいへん気に入られていました。あるとき、アリオーンは王に頼んで諸国放浪の旅に出ますが、船旅のさなかに財産めあての水夫に命を奪われそうになります。最期の頼みを聞き入れられたアリオーンは立派な衣装を身につけて詩を奏で、みずから海へ飛びこみます。

海に棲むニンフたちはアリオーンの詩のすばらしさに心を動かされ、彼を助けます。水夫は罰を受け、ふたたび王のもとに戻ることができたアリオーンは幸せに暮らしたそうです。

もし、あなたが予期せぬ不幸に襲われたり、人に陥れられているのであれば、アリオーンの人形に託して不運から逃れましょう。人形は海のニンフの力を借りて、あなたを不運から守ってくれます。

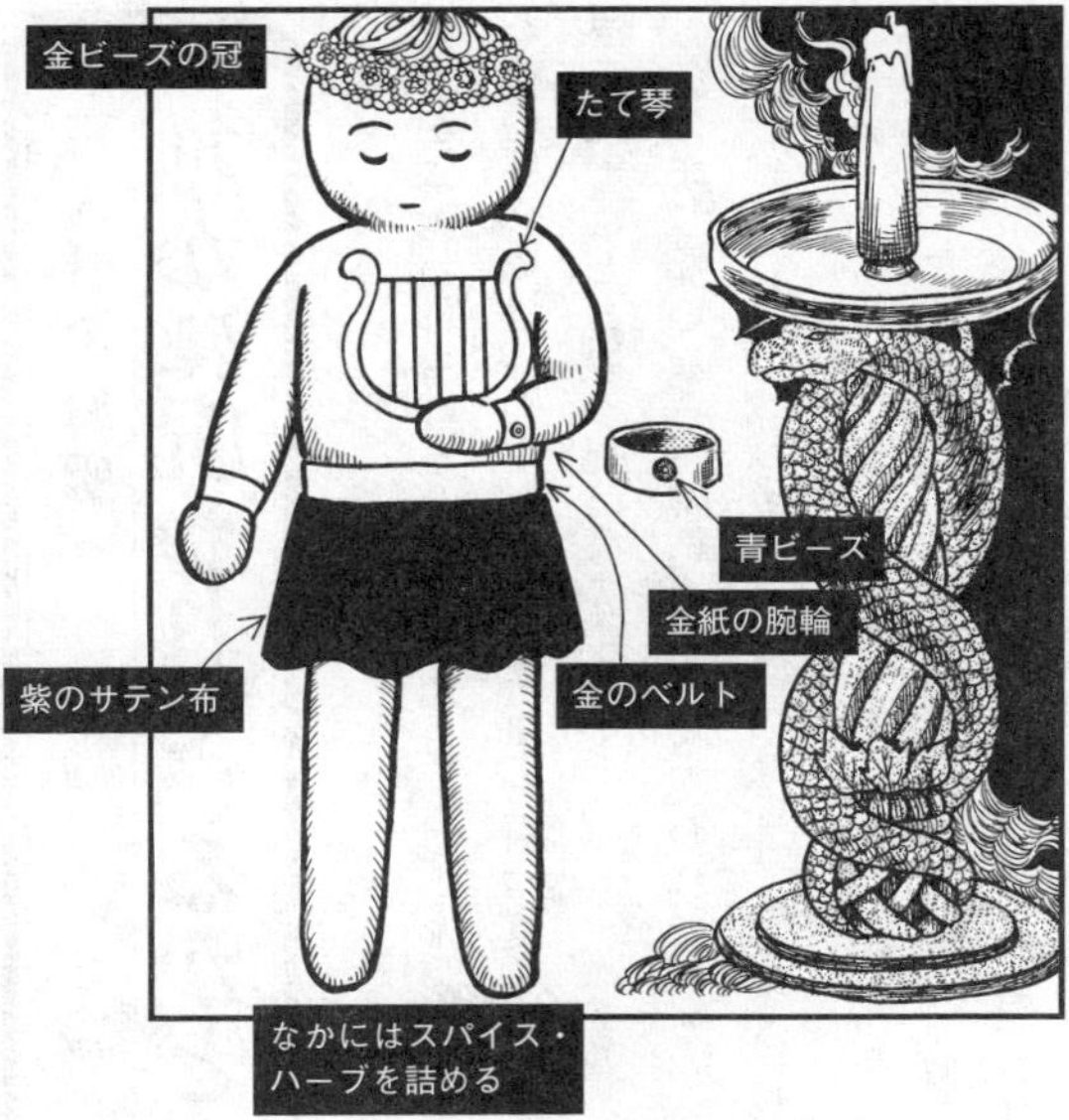
金ビーズの冠
たて琴
青ビーズ
金紙の腕輪
紫のサテン布
金のベルト
なかにはスパイス・
ハーブを詰める

これは黒魔術ではありません。自分の不運を消すための身代わりと考えるとよいでしょう。

＊

人形の頭には金ビーズの冠、腕にはたて琴、手首には青ビーズをはめた金紙の腕輪、金のベルトに青のサテン地のスカートをはかせます。なかには、香りのいいハーブなどを詰めます。

上手につくれなくてかまいません。それよりも、心をこめることが大切です。

毒人参の魔呪

誰かに呪われているかどうか知る①

誰かに呪われているかどうか知る――暗いテーマですが、現代のような熾烈《しれつ》な競争社会では、知らないうちに足を引っぱられていることもあります。しかも、ワラ人形などという呪いの手段で……。

このまじないなら、呪いの相手や呪われているかどうかを知ることができます。ただし、願わくば、試みるのは一度きりにしてほしいものです。

＊

先が2つに分かれている人参を用意します。土曜日の夜明け前に、人参の先を左右の手に持ち、「日の出とともに我が宿敵よ、現われよ」と唱えます。そして、人参を細かく刻んで捨てます。

このとき、あなたを呪っている相手は、夢のなかであなたの姿を見るでしょう。

根が二又に分かれている人参が見つからなければ、包丁で切ってつくってもよい

そのあと1週間、毎朝、このまじないを続けます。そうすると、8日目に呪いをかけている相手が現われます。

どうやって現われるかは決まっていません。夢のなかか、暗示言葉か、あるいはそのものズバリか……さまざまな現われ方をするので、8日目は気を張っていなければなりません。

この日をすぎてしまうと、その正体を見破るのはむずかしくなるでしょう。

神々の呪法

誰かに呪われているかどうか知る②

呪われているかどうかを確かめる方法には、前項で紹介したもののほかに、次のようなものもあります。

＊

まず、左ページの図のような紋章（神々の呪法）を、紫色の紙に緑色のインクで描き写します。祭壇をつくり、図のようにロウソクを並べます。心を落ち着け、香を焚いて、ロウソクに火をつけます。

このとき、自分を呪っているのではないかと思う相手がいるのであれば、その人物の持ち物があるとなおよいでしょう。

紋章を手に握るか、または身につけて、10分間目を閉じて瞑想します。

その後、静かに目を開き、ロウソクの炎で状況を判断します。炎がゆらめきス

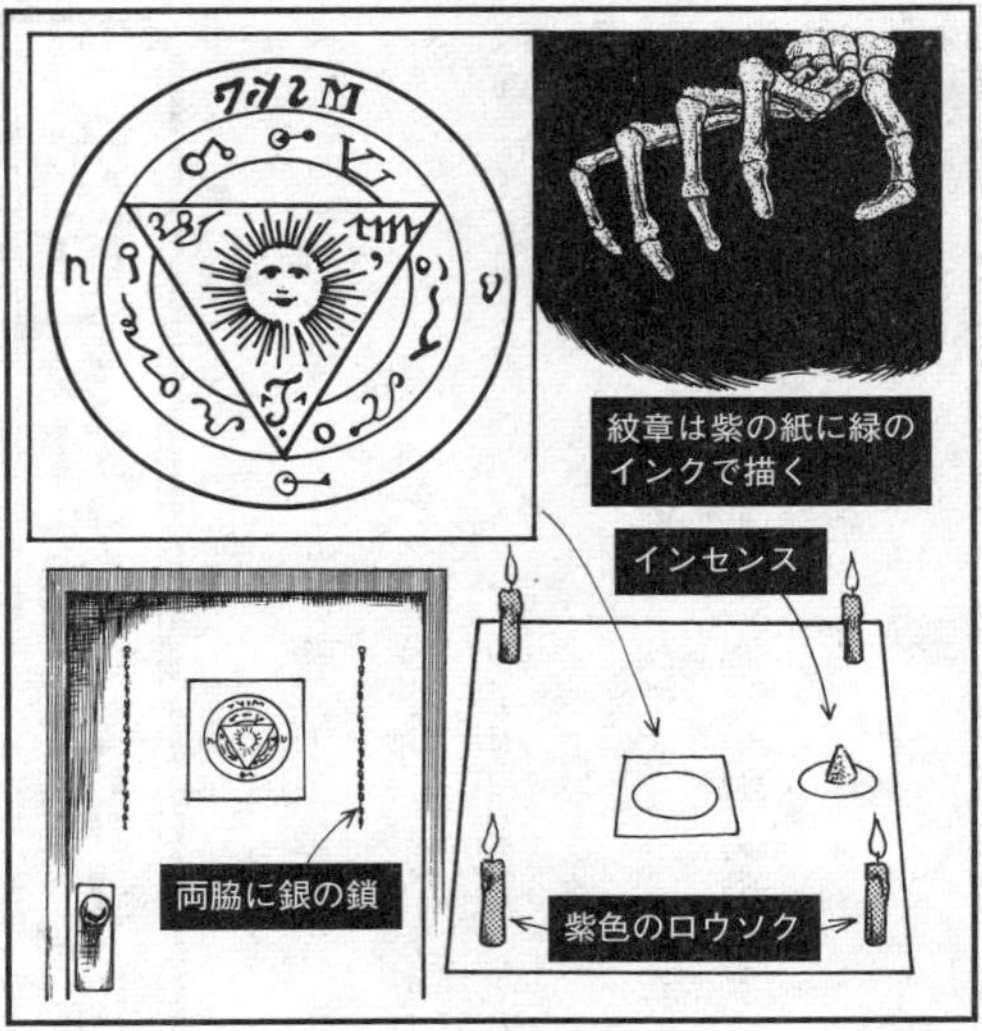
紋章は紫の紙に緑のインクで描く
インセンス
両脇に銀の鎖
紫色のロウソク

パークリングしていれば、あなたを憎む敵が近くにいます。まっすぐに炎が昇っていれば、近々、幸運がやってくるでしょう。

炎の判断にはかなり熟練が必要ですが、自分の目を信じればよいのです。直感を大切にしましょう。

炎がゆらめきスパークリングしていた場合には、部屋の扉に先ほどのタリスマンをかかげ、銀の鎖を両脇にかけておくこと。これで呪い返しができます。

呪い返しの呪法

かけられたのと同じ呪いを相手に返す

呪い返しの方法のひとつです。

しかし、呪いから逃れるときと違い、呪いを返したときはのちのち相当なリスクを背負うことになるため。心からすすめることはできない方法です。

＊

まず、白い紙で人形をつくります。

別の白い紙に、左ページに記した霊文を書き写します。裏には自分の性別と年齢を数え年で書きます。

「おんばじらぎにはらじはたやそはか」という呪文を100回唱えて、人形をその霊符で包みます。固く封をし、自宅から見て吉にあたる方位の川、または海に流します。自宅から吉方の川（または海）は人によって違うので、わからない場合は、自分が寝るときに枕を置いている方角にある川（または海や溝、くぼみなど）でかまいません。

流し終えたら、絶対に後ろを振り返らずに家まで帰ること。そうすれば、自分にかけられたのと同じ呪いが相手にはね返っていくでしょう。

このまじないのあとは、自分のまわりの人に善行を施し、しばらくのあいだは早起きを続けて日の出を拝むようにしましょう。

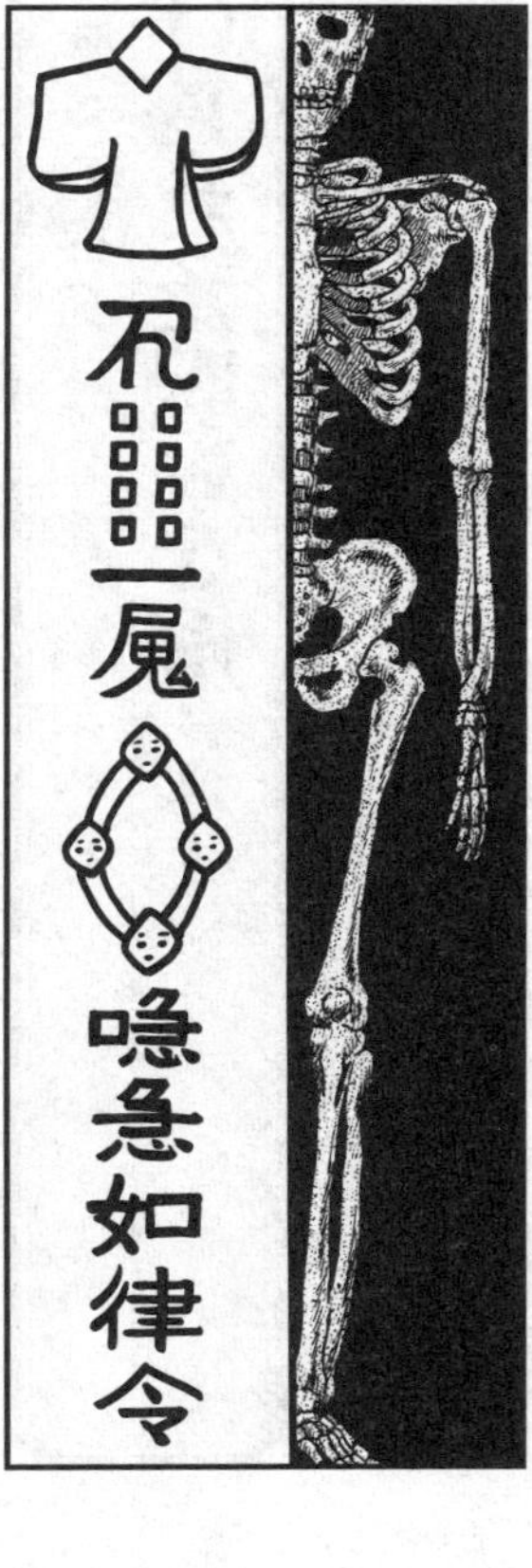

スカラベの祈呪

かけられた呪いを解く①

古代エジプトでは、カブト虫（スカラベ）は、ミイラといっしょに埋葬されても、次の世でふたたび生命を輝かせることのできる虫としてあがめられていました。葬られても、その生はけっして滅びることがないといわれ、神聖視されていたのです。

＊

呪いをかけられて葬られようとしているときには、カブト虫の力を借りるとよいでしょう。

まず、紙粘土でカブト虫の形をつくります。十分に乾燥させてから絵の具で青く塗り、その後ニスをかけます。

机の上に麻布を敷き、その上に白い紙を置いたら、カブト虫をのせます。

そして3日間、毎日1個の香を焚き、その煙のゆくえを眺めながら、呪いから逃

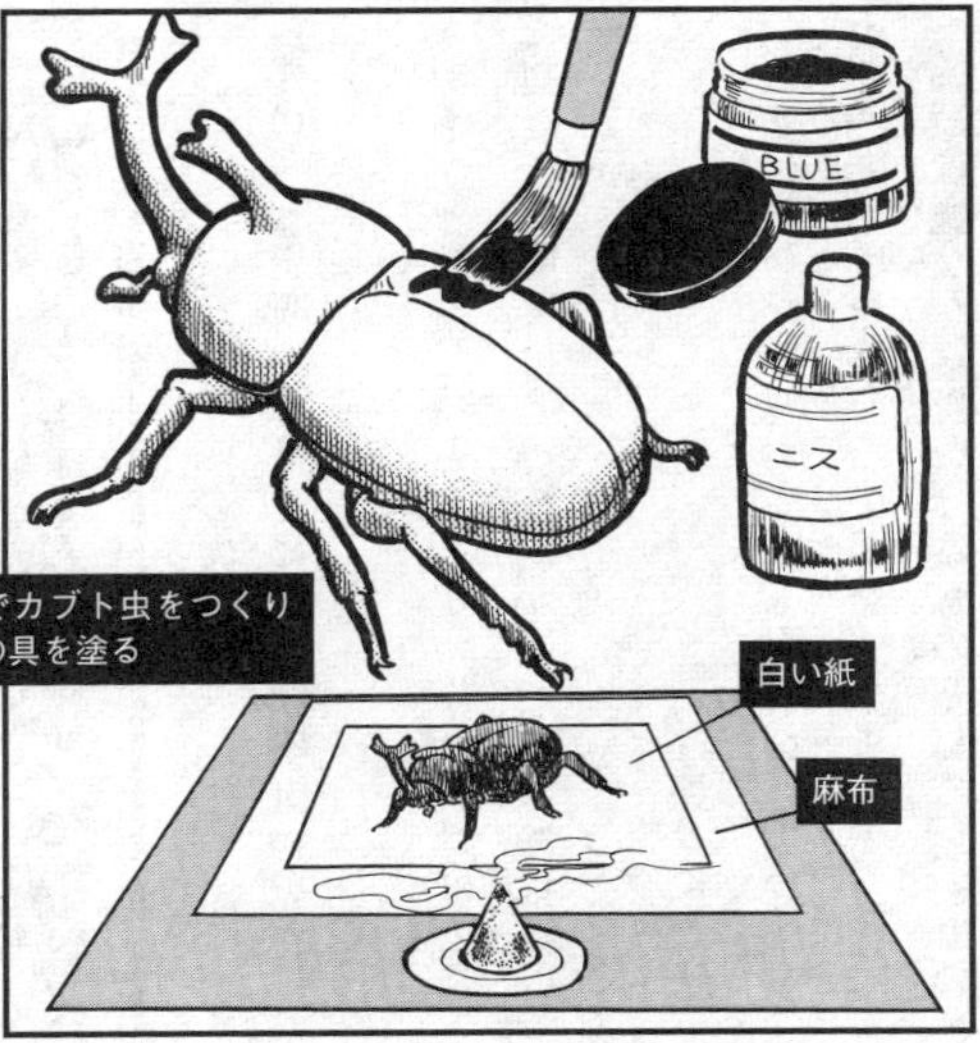
BLUE
ニス
紙粘土でカブト虫をつくり
青い絵の具を塗る
白い紙
麻布

れ、ふたたび平安な日々が戻ってくることを一心に祈ります。

この魔術は、7日、9日、10日、12日、14日、16日、21日、24日、25日の、太陽が昇っている時間内に行ないます。日没後にはけっして行なってはならないとされています。

もし、日没後の祈りになれば、呪いはさらにあなたの上に重くのしかかってきてしまうので、くれぐれも気をつけてください。

呪解の秘法

かけられた呪いを解く②

かけられた呪いを解くには、まず呪いをかけた相手が誰かを知らなければなりません。

相手がわかった時点で、呪いの効力はほとんど失せています。そのうえで魔除けを施せば、呪いはすべて、かけた本人にはね返っていきます。敵を呪わば穴ふたつ、というわけです。

*

さて、あなたを呪っている相手がわかったら、蹄鉄を家のドアにさげ、さらに部屋の四隅に塩を盛った小皿を置きます。

蹄鉄は魔女から身を守るものとして、中世のイギリスではよく家の戸口にさげておいたそうです。蹄鉄をはじめてつくったのは4世紀ごろのギリシャ人といわれ、

蹄鉄を家のドアにぶらさげる
部屋の四隅に塩を盛った小皿を置く

神聖な動物とされていた馬の蹄《ひづめ》を守るものとして、霊力が宿っているとされていました。もともとは大きな金槌で3本の釘を3回ずつ打ってつくられたそうです。

呪いを解く方法はもうひとつあります。

相手の姓名を半紙に墨文字でしっかりと書き、名前の1字1字に1本ずつ釘を刺してから、それを抜き取り、跡形もなく燃やしてしまうという魔法で、「針刺し文字の呪法」と呼ばれます。

白魔術Q&A――②

Q効果が現われるのに何日くらいかかる？

A願いごとによって異なりますが、内容がこみいっている場合はある程度の期間が必要です。しかし、だいたいは月が誕生し満ちて欠けるまで、つまり28日ほどが成就の目安となります。

Q同じ魔法なら何度くり返してもよい？

A同じ魔法を違うシチュエーションで何回も使うのはかまいません。ですが、少なくとも2カ月くらい間をあけてから行ないましょう。あまりに何回も連続して行なうと、魔法の力は弱まり、行なうほうの気迫も乏しくなってしまうからです。

Q魔法の最中、誰かに見られてしまったら？

A「絶対に人に見られてはならない」と注釈があるものは、見られたとたんに無効となります。それ以外はとくに害はありません。

ただし、黒魔術で「人に見られてはならない」といわれているものを見られた場合、見られたほうも見たほうも1年以内にアクシデントに見舞われます。

Qどうしても効果が現われないのはなぜ？

Aまず、やり方が違っていないか考えましょう。魔法のなかには、高度なテクニックを要するものもあります。

また、半信半疑で行なっている場合、集中力の欠けている日に行なった場合、お酒に酔って行なった場合なども効果は期待できません。

Q魔法実行中に体調を崩したら？

A即座に中止し、しばらくのあいだ何も行なわないようにします。魔法実行中に体調を崩すというのは、やはり危険な兆候です。

こういったことは、相手の不幸を願いながらやる、欲を出しすぎるなど、心のなかに悪いエネルギーが充満したときに起こりやすいもの。

白魔術は基本的に、相手や自分の幸せを願う魔法ということを忘れないでほしいものです。

予兆事典

なにかが起こる前触れである予兆は、
魔法・魔術に通じるものがあります。
世界中に伝わるさまざまな予兆を集めました。

【赤ん坊】夜中の12時に生まれた子は幽霊を見やすい

欧米では、生まれた子が幸福で健康に育つようにという願いと、キリスト教の信仰がいっしょになった迷信が多くあります。教会で行なわれる洗礼も、赤ん坊を悪魔の邪眼から保護し、災いがふりかからないようにするためと信じられてきました。洗礼式のプレゼントには、サンゴのお守りやベルが好まれました。サンゴは邪眼を避けるものとして広く使われ、ベルの音は悪魔を遠ざけるといわれました。

出産のお祝いに、男の子にはブルー、女の子にはピンク色の物を贈る風習は、男の子は青いキャベツから、女の子はピンクのバラから生まれるというヨーロッパの伝説がもとになっているようです。ブルーは悪魔の嫌う色でもあります。

その他、夜中の12時に生まれた子は幽霊を見やすい、よい子は満月に生まれる、生後1カ月のあいだに赤ん坊はその人生をすべて夢に見る、などもあります。また、1歳前に髪を切ると言語能力に支障をきたす、といういい伝えもあります。

もし赤ちゃんが出べそなら、家の南東の隅にニワトリの卵を埋めると、卵が腐ったときに出べそも治る、そんな魔法も伝わっています。

【あくび】大あくびはイヤな客の来訪を告げる兆し

古代の人びとは、口は人間の魂の出入り口で、最後の息によって魂が口から出るとき、すなわちそれが「死」であると考えました。そのため、あくびをしたら、あわてて口を押さえて、息が出てしまわないようにしました。

中世に入ると、あくびは悪魔が行動するときに出ると考えられるように。ヒンズー教徒は、あくびは危険の予兆と信じ、あくびのあと必ず口の前で3回、指を大きく鳴らしました。そうすれば悪魔を追い払い、神の救いを3倍に増やすことができるといわれました。スペインやフランスの地方でも、あくびをしたあとに十字を切るという風習が残っているそうです。

また、大あくびをすると、悪魔や悪霊の影響で、近々あまり好きでない知人や来てほしくない客が訪れるともいわれます。

【足】左足からズボンをはくとその日はツイてない

「右側には神が宿り、左側には悪魔が宿る」という信仰は古くからあり、歩き始めるときも右足からスタートし、靴や靴下をはくときも右足から入れるとラッキーといわれます。逆に左足からズボンをはくと、その日は何をやってもツイていないとか、左足から家に入ると、その家は悪霊に悩まされるといいます。

また、足（もしくは足の裏）がかゆいのは見知らぬ地を歩くようになる、という知らせだそうです。

【家】階段を上っていてつまずいたら結婚話が……

鍵を忘れたときなど、窓から家に入ると悪いことが起きる、といういい伝えがあります。もし入ったら必ず同じ窓から出ること。そうしないと不幸に見舞われます。

また、引っ越しをしたとき、金運に恵まれたいと思ったら、財布を家のなかに投げこむとよいそうです。玄関マットの下に小さなコインを置いておき、それを最初に見つけた客に富が約束されるというのもあります。

家の階段を上っていてつまずいたら、それは近々その家に結婚する人が出るという兆し。逆に、夜、家の中でゴツンという音がするのを3回聞いたり、あるいは柳の杖がドアを3回なでる音を聞いたら、それは死のお告げとなります。

【犬】鎖を鳴らして来たらその場所に宝物が……

犬には未来を予知する能力があるとされ、犬が夜に遠吠えするのは、どこかで死人が出ることを予告しているといわれました。

日本では安産の守り神となっている犬ですが、イギリスでは逆に、婚約した男女のあいだを犬が通りすぎると、結婚は破談になるか、結婚しても争いが絶えなくなる兆しとされ、縁起が悪いので、払いのけて悪運を振り払うまじないをしたそうです。また、鎖をガチャガチャ鳴らしながら犬が現われたら、その場所にお金が隠されているといういい伝えもあります。

もし、飼い犬が家にじっとしていないで困るときは、尻尾の先端の毛を切り、裏口のドアのところに埋めておくとよいでしょう。出かけなくなるというまじないです。

【ウサギ】試合の勝利を約束する後ろ足のお守り

明るい月夜の晩に群れをなして活動する姿から、ウサギは月と関わりのある神の使いとされていました。

後ろ足の力強いジャンプから、西洋では古来、ウサギの左の後ろ足の毛を切って、幸運のお守りとして持ち歩く習慣もありました。このような強い後ろ足をもっていれば、どんな悪魔や悪霊にも負けないと考えられたのです。

スポーツの試合では、選手たちはウサギの後ろ足のお守りにキスをして試合に臨むと勝利を得られるといいます。いまでも、ウサギの後ろ足をデザインしたキーホルダーが売られています。

【鏡】もし割ったら7年間はいやなこと続き

鏡が割れると、なにか不吉な感じがするもの。欧米でもやはり、鏡を割ると7年間は不運に見舞われるといって、悪い予兆とされています。

鏡はまた、呪いの道具としても使われ、そうした迷信も数多く残っています。そのひとつに、若い女性はあまり何度も鏡を見てはいけないというものがあります。鏡を見すぎると、後ろにいる悪魔も見てしまうからというわけです。

また、死者の出た家は、家じゅうの鏡に覆いをかけるという風習がありますが、これは、死者の霊魂が鏡のなかに引きこまれて、なかなか天国へ旅立つことができないという迷信がもとになっています。

日本では、妊婦が葬式に列席するときには、胎児に死者を見せると早死にするという迷信から、鏡を身につけて出かけたといいます。欧米でも、生まれたての赤ん坊に鏡を見せると1年以内に厄難に見舞われるといういい伝えがあります。

【髪の毛】月が欠け始めるときに髪を切るとハゲる

白髪は、旧約聖書では長寿のしるし、永遠の象徴として尊敬されました。

イギリスでは、腕が毛深い人は金持ちになる、髪の毛の量が多い人は頭が悪いとされ、ヨークシャー地方では、女性の髪の生え際が額のほうに近づいていると未亡人になる兆しというい伝えがあります。

少女が髪を切ると慎み深さがなくなる、月が満ち始めるときに髪を切ると早く伸びるが、欠け始めるときに切ると薄くなる、という迷信もあります。

また、女性は生理のあいだはパーマがかかりにくいといういい伝えは、かなり一般的なようです。

【元日】初訪問の客が男か女かでその年の運勢が……

欧米でも「1年の計は元旦にあり」という考え方は共通のようです。たとえばイギリスでは、元旦に行なうことは1年じゅう続くと信じられ、元旦に働いたり、女性の場合は洗濯したりすることは嫌われました。

またスコットランドの地方では、元旦の初訪問（12月31日夜半から元旦にかけて）の客が男性なら吉、女性だと凶、さらに黒い髪の男性であれば最良、金髪の男性ならあまりよくなく、赤毛の女性は不幸をもたらす、といわれています。

アメリカのある地方では、元旦になる何秒か前に、悪魔を追いだし神を迎えるために窓を開け放すという風習が残っているそうです。

その他、西洋では、大晦日の午前0時に家の外から石灰のかけら、ほうき、シャベルなどをもって入ると縁起がいい、そして年が明けないうちは新しいカレンダーをかけないほうがいい、とされています。

【くしゃみ】日曜日のくしゃみは悪魔にご用心

古代の人びとは、くしゃみが止まらなくなるのは大きな危険を告げる兆し、死期が迫っているからだと信じていました。ヨーロッパでは、くしゃみをすると、そばにいる人が「魂が逃げてしまいませんよう」といっておじぎをしたそうです。

近代になっても、くしゃみにまつわるいい伝えは多く、日本ではよく、誰かがうわさしているなどといいます。欧米では、女性が朝食の前にくしゃみをすると午前中に友が訪ねてくる、口の中にものを入れたままくしゃみをすると24時間以内に誰かの不幸の通知を受けとる、というのがあります。

またアメリカには「月曜日のくしゃみ、冗談まじり、火曜日のくしゃみ、誰かと会うよ、水曜日のくしゃみ、手紙をもらう、木曜日のくしゃみ、何かいいことありそうな、金曜日のくしゃみ、悲しくて、土曜日のくしゃみ、明日恋人に会う、日曜日のくしゃみ、その週は悪魔に支配され」という詩があるそうです。

【靴と靴下】ひもがほどけたら誰かがうわさしている

西洋では、柩の上に新しい靴をのせて死者を葬る習慣があったので、靴をテーブルにのせるのは死の前兆といわれました。現代では少し解釈が変わり、失業の兆しとされています。

また、なにか事業を始めようとしているときに靴ひもがほどけると、縁起が悪いとされました。そうでない場合、左の靴ひもなら誰かが悪口をいっていて、右の靴ひもならなにかよいことをいっている兆しです。

そのほか、黒と白の靴ひもをそれぞれ左右に結んで野球をすると幸運を招く、靴のかかとと外側がすり減っている人は気前がいいが、内側がすり減っている人は節約家、といういい伝えもあります。

寝る前にその日はいていた靴下の匂いを嗅ぐと悪夢を見ない、ストッキングを裏返しにはくと縁起がいい——靴下についてはこの2つがよく知られています。

【クリスマス】幸運を願うミンチパイ

クリスマスはもともとは「キリストのミサ」という意味の言葉。この日にキリストが生まれたという確証はないのですが、ペルシャのミトラ教の「太陽の誕生日」であることから、12月25日が選ばれたそうです。

欧米では、クリスマスから12日目の1月6日、3人の博士がベツレヘムにキリストを訪れた日であることから「旧のクリスマス」として祝う人もいるそうです。

アメリカのある地方では、この旧のクリスマスに生まれた男の子は大変に幸運で、動物のことばを使えると信じられてきました。

クリスマスには七面鳥がつきものですが、それ以外にも、リンゴや干しブドウ、ひき肉などを入れてつくるミンチパイなどが用意されます。ミンチパイは、食べないと次の年は縁起が悪いとか、クリスマスから元旦のあいだに食べたミンチパイの数が幸運な月を示すといわれるほど、欧米ではポピュラーな食べものです。

【ゲーム】エースと8のツーペアが来たら要注意

ゲームといえば、トランプについての迷信が多くあります。ゲームの最中にカードを落とすと運が落ちるとか、負けているときは椅子から立って左から右へ椅子のまわりを1周すると太陽の力にあやかってツキが巡ってくるとか、自分の席の下にハンカチを敷いてその上に座ると気分が変わってよい、などです。

スポーツのゲームでも、試合前に黒猫を見かけると必ず勝利する、などのいい伝えがあります。

ヨットやゴルフの試合には、つねにマスコットを持ち歩くとよいとされ、ことにヨットマンのあいだではテディベアが幸運の印とされています。

テニスでは、最初のサーブボールがネットに当たってバウンドして戻ってきても拾ってはいけない、なぜなら拾うとツキが落ちるから、というそうです。

また、もしあなたが車のレースに出場するなら、不運を招くとされている緑色の車には絶対に乗らないほうがよいでしょう。

【結婚式】式の前日に猫がくしゃみするのを聞いたら……

「ジューン・ブライド」すなわち6月の花嫁は幸福になるといわれますが、これは古代ローマ時代、女性と結婚の守護神ジュノーの祭礼が6月1日に催されたことに端を発しているそうです。

逆に、5月には死者の霊を祀る儀式が行なわれていたことから、5月に結婚すると後悔することになる、といういい伝えも生まれています。

イギリスには、何曜日に結婚式を挙げたらよいかという古い詩があります。

「月曜日に式を挙げると健康で、火曜日は富む、水曜日はすべてに最高、木曜日は苦難となり、のちに幸せ、金曜日は損失、土曜日はまったくツイてない、日曜日は新婚時代は吉凶混合」

また、結婚式の当日が晴天であれば太陽の光が子宝を授け、幸福な生活を約束してくれるといいます。もし、式の前日に花嫁が猫がくしゃみするのを聞いたら、これもやはり幸福な結婚生活の暗示となるそうです。

花嫁は何か古いもの、何か新しいもの、人から借りたもの、そしてブルーのものをどこかに身につけるとよいとされています。過去（古いもの）、現在（借りたもの）、未来（新しいもの）、清純（ブルー）がひとつの絆に結ばれるからだそうです。

すでに結婚した女性には、つぎの2つをお教えしましょう。台所仕事のときに包丁を落としたら夫とけんかをする兆し、夫のはき古した靴を戸口に埋めておくと夫は決してあなたを踏みつけにしない——というものです。

【恋人】剥いたリンゴの皮が恋人の名を暗示する

リンゴは古くから愛と生殖、美しさの象徴とされ、恋占いによく使われました。

「愛してる、愛してない……」といいながら、リンゴの種を数えて恋人の気持ちを知るやり方。あるいは、リンゴの皮を切れないように長くむいていき、自分の左の肩越しに後ろに床に垂らして、その皮が床に描く形がアルファベットのどの字に似ているかで恋人の頭文字を当てる、というものもあります。

エプロンにまつわる恋のいい伝えも多くあります。たとえば、エプロンが落ちたら誰かがあなたのことを想っている兆し、洗濯しているときにつけていたエプロンを濡らしたら飲みすぎの人と縁がありそう、というものです。

紅茶やコーヒーを飲むとき、砂糖より先にクリームを入れると、恋に邪魔が入るといわれています。また、メールや手紙が行き違いになったら、恋が終わるという暗示です。

もし、あなたが金持ちの男性と結婚したいなら、新月の晩に墓地へ行き、そのことを願いながら、墓にフォークを突き刺すという変わったジンクスもあります。

【コイン】ポケットの中の硬貨に望みを託して……

日本では、新しい財布を人に贈るとき、お金にご縁があるようにと5円玉を入れますが、欧米でも同様にコインを1枚入れて贈るそうです。なかには、月を象徴する銀製の硬貨を入れておく人もいます。これは繁栄を運ぶ兆しとされています。

また、イギリスのある地方では、結婚式のとき、花嫁が靴のなかに花婿からもらった硬貨を入れておくと、末永く幸福な結婚生活を送れるといわれています。そして、もし望みを叶えたいと思ったら、三日月あるいは満月を見ながら、ポケットのなかで銀貨を裏返すとよいそうです。

【塩】こぼしたら近くに悪魔が来ているしるし

昔から、塩は神聖なものであり、悪魔を追い払い、災難や病気から守ってくれる力があると信じられてきました。ハンガリーなどでは、新しい家の入口に塩をふりまき、魔女や悪魔が家のなかに入りこまないようにする風習がありました。

また、塩をこぼすと、悪魔が近くにいる警告と考え、すぐに右手で塩をひとつまみとって左の肩越しにふりかけます。西洋では、右側には神が左側には悪魔が棲んでいるという思想が浸透しているので、塩を左肩にかけることで悪魔を追い払おうとしたのです。

塩はそのほか、友情、もてなしの証しとしても使われます。家を新築した友人のもとを訪れるときに、一箱の塩をもっていくとよいとされたのは、そうした意味あいと、塩で食料を保存し、より財産を残すようにという縁起かつぎからです。

【食器】食事中にフォークを床に落としたら……

ナイフ、フォーク、スプーンにまつわるいい伝えには、しつけに由来すると思われるものが多くあります。口の中でスプーンをひっくり返すと縁起が悪いとか、2本のナイフをテーブルの上で交差させて置くと不吉なことが起きる、などはその典型的なものでしょう。

また、食事中にナイフが床に落ちたら男性の、フォークなら女性の訪問客があるという兆し、誰かにナイフを渡すときに刃を相手に向けると友情がこわれる、というい伝えもあります。

【数字】ひとつの火で3人が煙草をつけるときはご用心

「二度あることは三度ある」という表現は東西共通ですが、それは3という数字が、古来より「完全数」とみなされてきたからです。

しかし、1本の灯心から3本のロウソクに火をつけるキリスト教の葬式の儀式から、1本のマッチの火を3人で使うのは不吉という言い伝えも生まれました。欧米では今でも、ひとつのマッチやライターで3人が煙草に火をつけるときは、2人が火をつけたあといったん消して3人目がつけるという慣習が残っているそうです。

7がラッキーセブンと呼ばれ幸運を運ぶ数字、13が不吉な数字とみなされていることはあまりにも有名です。それは、7が神を表わす「3」に自然を表わす「4」を加えてできたものであるからとか、キリストの最後の晩餐のときテーブルについたのが13人であったから、などとそれぞれ解釈されています。

ことに13の場合、ひとつのテーブルで13人が一度に食事をすると、そのなかの1人がその年のうちに死ぬという迷信があり、それを避けるために、食事の前に全員が手をつないで立ち上がり、「ここにいるのは1人だけだ」と示すといいます。

そのほか5という数は、悪魔に対して強い効きめのある星形五角形（ペンタクル）に代表されるように、魔術に携わる者にとっては重要な数字です。

【月】三日月を見たら最初に出会った人にキスを

古来、月には女神がいるとして崇められてきました。月の満ち欠けは人間の生と死に関わり、また天候や農作物の収穫にも影響を与えると考えられてきました。

月の満ち欠けにまつわるいい伝えは数多くあります。

たとえば、イギリスでは、満月を見たら3回あるいは9回おじぎをすると幸運を手にするといわれました。一方で、望遠鏡で誕生したばかりの月を見ると不運に見舞われるとか、三日月を見たとき手になにも持っていないと幸運になれないから、そのときはポケットの中のコインを裏返すとよい、などというい伝えもあります。

また、アメリカのある地方では、三日月を見てから最初に出会った人にキスをすると、望むものがなんでも手に入るといわれています。

そのほか、満月のときにかかった病気は治りが早いとか、満月が欠けていく時期に結婚すると子供ができない、といった迷信も伝わっているそうです。

月明かりの晩に儲けたお金はトラブルのもと、ともいわれます。欧米では月光を不気味なものとしてとらえる傾向が強かったので、このようないい伝えや、長時間月を見ていると情緒が不安定になるという意味で「ルナティック（＝狂気じみた）」という言葉が生まれたそうです。

【釣り】西風が吹くと大漁だが東風だと釣れない

古い英語のことわざに、こんなものがあるそうです。

「南風が吹くと、魚は口でくいつく。東風が吹けば、魚はちっともくいつかない。北風が吹いたら出かけていってはいけない。西風が吹いたら、魚は最高にくいつく」

魚は、月が満ちているとき、もっともエサにくいつくといいます。そして、釣れた魚の数をかぞえたら、その日はもう釣れないそうです。日本では、釣りのときは梅干しをもっていってはいけない、という迷信がよく知られています。

【手】左の手のひらがかゆいのは散財する前兆

手は魔術的要素をもつとされ、いまでも人前でなにか誓いをたてるとき、右手を上げて行なうことで真実の証しであるとします。

イギリスでは、大きくてぶ厚い手の持ち主は強くて勇敢、小さくてほっそりした手の持ち主は身体が弱くて繊細というように、手で性格を占ったりもするそうです。

また、手がかゆいときはなにかの暗示といわれます。右の手のひらがかゆいときはまもなくお金が入るか、メールや手紙が届く、もしくは友人が来る、左の手のひらがかゆいときは支払いを押しつけられる、右手がかゆいときは誰かからプレゼントをもらう、といいます。

それから、もし手袋が道に落ちていても、拾わないこと。手袋は挑戦の印として地面に投げるという伝統があったので、拾うと悪運をつかむことになるからです。

【鳥】塀の上でカラスが鳴いたら雨になる

鳥は、天候の変化を予告したり、人の死を暗示したりするといわれます。このため、鳴き方や飛び方が少しでもいつもと違うと、それはなにかの兆しと考えられました。

カラスが塀の上で鳴くと雨がやむが、地面の上で鳴くとまもなく雨が降る。白鳥が羽のなかに頭を埋めるようにして寝ていると嵐が来る。鳩が窓わくに止まったら不運が近づいている――などはその代表的なものといえるでしょう。

【名前】同じ頭文字の相手と結婚すると破局が……

日本でも、赤ん坊の名前をつけるときは、姓名判断の本などを見て幸運を招く字画や名を選んだりしますが、欧米でも同様に、姓か名のいずれか一方が7文字だと幸せになれるとか、13文字は不吉だからもう1字加えた方がよい、といった縁起をかつぎます。

また、名前の頭文字が同じ相手と結婚すると不仲になる、といういい伝えもよく知られているようです。

【猫】あとをついて歩いてきたら金運に恵まれる

黒猫が前を横切ると悪いことが起こるといういい伝えは、現代でもよく信じられていますが、これは、中世のころ、黒猫は魔女の手先と考えられていたことに端を発するようです。

しかし、猫がすべて悪魔の象徴のように思われていたわけではなく、灰色の猫は幸運を呼ぶ、猫があとをついてきたら近くお金が入る、といういい伝えもあります。

また、猫と天候を結びつけた解釈も多くなされ、いつもより人懐っこくじゃれると翌日は強い風が吹く、黒目が大きくなれば雨が降るなどといわれました。さらに、猫の夢は偽りの友人をもつ知らせともいうので、気をつけたほうがいいでしょう。

【眠るとき】新しいベッドで見た夢は正夢となる

夜眠れないときは「羊が1匹……」と数をかぞえるといいといわれますが、アメリカのある地方では、2300までかぞえても寝つけないときは、カラスが空に大きく輪を描いて飛んでいるところを想像するといい、と伝えられています。

また、翌日起こることすべてを夢に見るには、寝る前に帽子のなかに靴を入れてベッドの足下に置けばよい、といわれます。さらに、新しいベッドあるいは新しい家で最初に見た夢は実現するともいわれています。
夢に関わるお告げをいくつか記しておきましょう。
・死ぬ夢を3日間続けて見たら、家族の健康に気をつけよという知らせ。
・卵の夢は、誰かがあなたのことで嘘をいっている。
・魚の夢は、まもなく子どもが生まれるという知らせ。
・山から転落する夢を見たら、翌日は不運続き。
・ヘビの夢を見たら、翌日、敵をつくる。
・歯が抜ける夢を見たら、再出発を暗示している。
・泥のなかを歩いている夢を見たら、まもなく病気にかかる。

【歯】あいだに隙間のある人は幸福な人生となる

ヨーロッパのある地方では、歯で人間判断をする習慣があったといいます。それによると、大きな歯の人は健全で、小さい歯の人は注意深い、また歯のあいだに隙間のある人は幸福な一生を送るそうです。

日本では反対に、前歯に隙間のある人は、若くして両親と死別するといういい伝えがあります。

歯の夢を見るのは、概してあまりよい予兆とはいえないようです。近いうちにアクシデントにあう暗示だとされています。

【バースデイケーキ】

女神アルテミスの誕生日に由来

バースデイケーキが丸いのは、古代ギリシャの時代、毎月の6日、月と狩猟の女神アルテミスの生まれた日を祝って人びとが捧げた、ハチミツ入りのケーキの形に由来するといわれます。

そのケーキは満月のように丸く、小さなロウソクが灯されていました。この儀式がやがて家庭にもちこまれ、子供の誕生日にロウソクをたてたバースデイケーキを出す習慣が始まったのです。

そしていつからか、ケーキの上のロウソクを一息で消せば願いごとが叶う、といわれるようになったのだそうです。

【鼻】かゆくなったらまもなく酒宴をもつしるし

古来より、鼻の形や大きさは、人間の性格に深い関わりをもつと信じられてきました。人相学では一般に、大きく段になっている鼻は聡明で温和、ぺちゃんこの鼻はうぬぼれ屋で単純、うすく尖った鼻は嫉妬深くて決断力に欠け、上を向いた鼻は明るく活発である——といわれます。

また、鼻がかゆくなるのはなにかが起きる前兆とされました。イギリスのある地方では、来客の知らせ、また別のある地方では、近いうちに酒を飲む機会があることを知らせているそうです。

さらにイギリスでは、鼻血が1滴流れると死もしくは重病を、3滴流れるともっと縁起の悪いことが起きる、といって恐れられました。しかし、女性が鼻血を出したときは、誰かを愛しているしるしといわれました。

【ハロウィン】ナッツで吉凶占い

10月31日の夜に行なわれるハロウィンのお祭りは、古代ケルト民族のドルイド教徒の聖者の祭り、万聖節の前夜祭が起源となっています。

ケルト民族の暦では11月1日が新年の元日。その前夜祭の10月31日の夜にはその年の死者が戻ってきて、何に生まれ変わるかの審判がくだされると信じられてきました。また、この夜、あらゆる悪霊や魔女が集まって大饗宴を開くので、魔物から身を守る意味をこめて、聖なる火をいくつも山の頂きに焚きました。

これが、時代の流れとともに陽気なお祭りに姿を変えていき、シーツやお化けのお面を被って家々をまわる子供（悪魔や妖怪を象徴）、ロウソクを灯したカボチャの提灯（聖なるかがり火を象徴）などとして残ったようです。

ケルト族にとって大晦日にあたるこの夜、人びとは新しい年の吉凶をリンゴやナッツで占ったそうです。

また、恋人同士が暖炉にそれぞれナッツを置いて燃やし、それがきちんと並んですっかり灰になると2人は幸福な結婚ができるという占いなどは、いまでもヨーロッパでハロウィンの晩に行なわれているそうです。

【パン】落としたときバターを塗った面が下だと……

紀元前4000年の昔から古代エジプトでつくられていたパン。イエス・キリストが最後の晩餐のとき、みずからの肉体になぞらえてパンをちぎって食べたことから、キリスト教では「聖なるパン」と呼んで、日曜日の礼拝時に細かく裂いたパンを会衆の1人1人に分け与えるようになりました。

この、愛と奉仕の精神、健康をもたらし、悪魔を寄せつけないための聖餐の儀式が、パンにまつわる多くのいい伝えを生みました。バターのついたパンを落としたときバターのほうが下だと不運に見舞われ貧乏になる、パンを焼いていて耳まで焦がすと日没前にカッとなることが起きる、パンの耳を食べると早く髪が伸びる――などがその一部です。

【病気】鼻血は首の後ろに鍵を吊るすと止まる

その昔、病気は悪霊によるものと思われていたので、悪霊を追い払うためにさまざまな儀式を行ない、また長年の経験から得た知識であらゆる動物・植物を使った薬をつくって病気を治そうとしました。

このような魔術的治療法には、いまでも民間療法として生き続けているもの、あるいは漢方薬の先駆的なものもあるようです。こうした治療法のいくつかを紹介しましょう。

・風邪には砂糖で煮た赤タマネギが効く。
・おたふく風邪は、イチジクの葉かハコヤナギの葉で喉を包む。
・熱を下げるには、カエルの頭を粉にして飲む、または、すりつぶしたタマネギの湿布を腹、脇の下、足の裏、手のひらにする。
・火傷は、生のジャガイモをおろして練ったものをのせておくと痛みがおさまる。
・そばかすは、朝6時前にバターミルクで洗顔すると消える。
・しゃっくりを止めるには、舌をできるだけ突きだしてそのまま10数える。
・鼻血を止めるには、首の後ろにドアの鍵を吊るす。

【ピン】落ちているピンを拾わないとツキが逃げる

欧米では、友人にピンをあげると友情にヒビが入る、どうしても友人にピンを渡さなければならないときは、「これはあげるのではなくて、99年間貸してあげるのだから」といえば大丈夫だとされています。

また、古い詩では、ピンを見つけたら1日じゅう幸福に恵まれるから拾うこと、そのままにしておくと1日じゅう悪いことが起きる、とうたわれています。

また別のいい伝えでは、道を歩いていて、落ちているピンの先端が自分のほうを向いていれば吉、反対向きであれば凶とされているそうです。

【ほうき】ライバルの足もとで使うと威力を発揮する

ほうきは夜、魔女がまたがって空を飛ぶものといわれ、昔から強い威力を発揮するものとして、床に投げつけたり、またいだりしてはいけないといわれてきました。新しいほうきを買ったら配達してもらうこと、ともいわれました。自分で運ぶと不運までいっしょに持ち帰ることになるそうです。

家を掃除するときには、くれぐれもドアからゴミを掃きださないこと。幸運や金運もいっしょに出ていってしまうそうです。

また、ライバルに仕事をさせまいと思ったら、その人の足もとでほうきを使うと少なくとも3年は仕事ができなくなる——こんないい伝えもあるそうです。

【ボタン】拾って靴のなかに入れるとデートの誘いが

アメリカのある地方では、ボタンは幸せのシンボルとされ、少女たちはボタンをたくさん集めてネックレスをつくり、幸せをもたらし同時に記憶力をよくしてくれるお守りとして大切にしたといいます。

しかし、同じボタンでも、黒いものは魔法がかけられていて、拾うと病気になるといわれ、敬遠されました。

欧米では、ボタンを見つけたら靴のなかに入れておくと、その日のうちにデートの誘いがある、といういい伝えもありました。

ボタンではないですが、縫いものをしているときに、糸に結び目ができたり、こんがらがったりしたら、誰かがあなたのことを話している兆しです。

【耳】左耳がほてるのは誰かに恨まれている兆し

耳か頬がほてるのは誰かが噂をしているしるし。右の耳なら愛、左の耳なら恨みですが、夜なら右耳でも左耳でもいいことがある。もし左の耳でも、すぐに3回十字を切れば、あなたを中傷する者は舌を噛む——という言い伝えがあります。

また、小指を使って唾液で十字架を描き、その指で耳をさわると悪魔から身を守ることができるそうです。悪い知らせを耳にしなくてすむように、と生まれた魔法のひとつです。

【目】右の目がかゆいときは誰かに愛されている

目は、愛情を伝える力をもっていると考えられてきました。そこで、誰かがあなたを愛しているときは、右の目がかゆくなるといういい伝えも生まれたようです。

それとは別に、右の目がかゆくなるとまもなく泣くことになるが、左の目がかゆければまもなく笑うことになる、というい方もされています。

また、もしあなたが心に悩みをもっているなら、マッチに火をつけ、その軸が半分まで燃えるのを右目で、残り半分が燃えつきるまでを左目で見つめると、悩みは消えていくでしょう。

【指】反りかえった親指の持ち主は浪費癖がある

親指がかゆいときは誰かが訪ねてくる兆し、親指が反りかえっている人はお金が貯まらないなど、なにかを暗示するときに親指はよく使われます。

同時に2人で同じことをいったら、互いの小指を組ませて願いごとをすると願いは叶う——小指を使ったこんなまじないもあります。

●参考文献『英語の迷信』トミー植松著（サイマル出版会）

エミール・シェラザード

西洋占術・東洋占術の双方から時空を超えてアプローチができる数少ない占術家。一般社団法人日本占術協会副会長。1970年代に神秘学の門をたたく。ルネ・ヴァン・ダール・ワタナベ氏に師事し、占名「エミール・シェラザード」を授かる。また、台湾の黄啓霖氏の教えを受け、中華民国星相学会より永久名誉会員として、公式認定を受ける。

以後、西洋占星術（ホロスコープチャート法・アスペクト占星術・タロットなど）、東洋占術（九星気学・奇門遁甲・紫微斗数・四柱推命・方位学・手相・姓名判断など）双方の研究を続ける。

現在は、「神野さち」としても活動を開始。執筆、講演、マスコミ活動、カウンセリングなど幅広く活躍中。著書多数。

【ホームページ】http://kaminosachi.com

本書は1987年、2006年に小社より発刊した『禁書 白魔術の秘法』の改装改訂新版です。

二見レインボー文庫

あなたの願《ねが》いを叶《かな》える白魔術《しろまじゅつ》

著者 エミール・シェラザード

発行所 株式会社 二見書房
東京都千代田区神田三崎町2-18-11
電話 03(3515)2311［営業］
03(3515)2313［編集］
振替 00170-4-2639

印刷 株式会社 堀内印刷所
製本 株式会社 村上製本所

落丁・乱丁本はお取り替えいたします。
定価は、カバーに表示してあります。

ISBN978-4-576-18045-8
http://www.futami.co.jp/